이런 제가
상담자여도
괜찮을까요?

노승현

Is it okay if I am a counselor like this?

박영story

이런 제가 상담자여도 괜찮을까요? 그런 당신이라면 괜찮습니다

상담을 업으로 삼고 십여 년간 일하면서 많은 내담자들을 만나 왔습니다. 많은 초보 상담자들에게 슈퍼비전을 하고, 여러 강의를 하면서 임상 현장에서 일하는 혹은 일하고자 하는 사람들에게 어떻게 하면 '상담'이라는 것을 좀 더 쉽게 전달할 수 있을까? 어떻게 하면 좀 더 잘 정리하게 도울 수 있을까?라는 고민을 해왔습니다.

기존에 출간되어 있는 수많은 상담과 관련된 전문서적들이 있지만, 너무 딱딱한 느낌이 들고, 충분히 소화해내기 힘들 것 같은 부담감이 큽니다. 그로 인해 책을 읽어볼 엄두조차 안 나거나 혹은 읽다가도 그만 중도 포기해버리는 사람들이 많은 것 같습니다.

초보 상담자들에게 몇 차례 책을 권했던 일이 있었지만, 너무 어렵다며 손사래를 치는 경우들을 여러 번 경험하다 보니 다른 무언가가 필요하다는 생각이 들었습니다. 양장본에 아주 두껍기는 해도 상담 전문서적들을 천천히 곱씹으며 읽어나갈 때, 얻을 수 있는 유익들이 많은데, 거기까지 나아가지 못하는 사람들을 볼 때 너무 아쉽게 느껴졌습니다. 아기가 처음부터 밥알을 씹을 수 없어 모유나 분유처럼 부드러운 것을 먹듯이, 부담을 덜 주면서도 '상담이라는 건 이런 거야'라는 맛보기를 할 수 있는 것이 없을까?라는 고민에서 책을 쓰기 시작했습니다.

제가 직접 만나서 얘기하는 것은 아니지만, 최대한 곁에서 친절하게 말해주고 있다고 느낄 수 있었으면 하는 마음으로 한 꼭지 한 꼭지 써내려갔습니다. 평소에 제가 강의할 때 했던 말이나 비유들, 그리고 초보 상담자들에게 슈퍼비전을 주면서 했던 여러 말과 썼던 글들을 모으고 모아 정리를 했습니다. 그렇기에 아마도 조금은 더 친숙하게 다가갈 수 있지 않을까 생각이 됩니다.

책 제목이 '이런 제가 상담자여도 괜찮을까요?'인데, 상담을 이용해 본 사람도, '저런 사람이 상담자라고?' 하는 불만을 느껴본 적이 있을 것입니다. 그리고 상담자 역시도 '이런 내가 상담자라고?' 하는 자조적인 생각들을 한 번쯤은 해봤을 것입니다. 책의 제목인 질문에 제가 하고 싶은 답변은 바로 '괜찮아요'입니다. 상담자도 내담자와 마찬가지로 한계가 많고 연약한 한 사람의 인간이지, 모든 문제를 해결할 수 있는 초월적인 존재가 아닙니다.

다만, 제가 괜찮다고 말하는 것의 전제는 자기 자신이 어떠함을 아는 것에 있습니다. 책 제목에 있는 '이런 제가...'라는 표현은 자기가 어떠한지 알고 인정한다는 것입니다. 모든 변화와 성장은 바로 이 인식하는 것과 인정하는 것에서 출발할 수 있습니다. 모르고 인정하지 않는데, 변화와 성장이 일어날 리가 없습니다. 만약 변화가 일어나는 것처럼 보인다면, 그것은 분명 허구일 것입니다. 그래서 이 책을 집어 든, 자기 자신을 인정하고 수용하려는 의지가 있는 여러분에게 말해주고 싶습니다.

"괜찮습니다"

아무쪼록 제 책을 접하신 분들이 부디 제 책에서 머무르지 마시고, 보다 더 단단한 것들까지도 소화해 나가시면서 성숙한 상담자가 되어 가시면 좋겠습니다.

목차

01
내담자와 상담자 이해하기

02
상담의 본질 이해하기

03
상담의 과정과 실제 경험하기

04
상담 사례 슈퍼비전

05
성숙한 상담자, 이것부터 하세요!

내담자와
상담자 이해하기

01

지피지기면 백전백승이라고 하죠? 상담에서도 마찬가지로 성공적인 결과를 위해서는, 상담자인 자신에 대해 그리고 상담을 받으러 오는 상대방에 대해서 잘 이해하는 것이 중요합니다. 특히 상담은 별다른 도구 없이 '상담자' 그 자체가 서비스를 전달하는 도구이자, 주체가 되기에 더욱 잘 이해하는 것이 중요합니다.

왜 상담을 받을까요?
– 내담자 바로 알기

점심 식사를 마치고, 산책을 하던 중 화사하게 피어있는 장미꽃을 보게 되었습니다. 감탄을 하고 있는데, 발밑으로 꺾여 떨어진 장미꽃 한 송이가 있었습니다. 이 장미꽃을 보면서 저는 상담을 받고자 하는 내담자들이 떠올랐습니다.

겉으로 보기에는 화려하고 아름답습니다. 하지만 가지에서 떨어져 나간 장미꽃은 금방 시들기 마련이죠. 내가 있어야 할 곳을 잃어버린 채, 아무렇지 않은 척, 괜찮은 척 애쓰고 있는 사람들이 바로 상담을 필요로 하는 사람들입니다.

자발적으로 상담을 찾는 내담자들은 자기가 있어야 할 곳이 어디인지, 자기가 어떤 사람인지를 알고자 치열하게 애쓰고 있는 것입니다. 그리고 상담을 하기 위해 연락을 하거나 찾아오거나 문을 두드리는 그 행동은 지푸라기라도 잡고자 하는 심정으로 엄청난 용기를 낸 것일 것입니다.

전화를 할까? 말까?

나를 이상하게 보면 어떡하지?

이게 맞는 걸까?

겨우 이 정도의 일도 혼자 해결 못한다고 생각하면 어쩌지??

상담을 고민하는 내담자들은 상담을 시작하는 그 순간까지도 이러한 고민과 염려를 가지고 있습니다. 그래서 내담자가 어떠한 문제를 가지고 있든지 간에 내담자들은 고통스러워하고 있고, 그것을 극복하고자 하는 엄청난 용기와 의지를 내고 있다는 사실을 상담자는 기억해야만 합니다.

많은 히어로 영화의 공통점은 바로 역경입니다. 등장하는 모든 히어로들은 역경에서 포기하거나 좌절하는 것이 아니라 맞서 싸우며, 극복해 나갑니다. 이런 모습을 보며 우리는 깊은 감동을 받습니다. 이런 히어로의 모습을 내담자에게서 볼 수 있어야 합니다. 비록 현재는 역경 속을 지나가는 과정에 있을지라도, 문제에 파묻혀 있는 것이 아니라 극복하고자 애쓰고 있는 그 모습을 기억할 때, 내담자들을 진정으로 존중할 수 있게 됩니다.

상담을 결정하기까지 내담자의 고충을 이해하는 상담자라면, 내담자에게 건네는 그 첫 마디에서도 무미건조하고 상투적인 말이 아니라 내담자를 향한 깊은 애정, 염려, 존중이 담긴 따뜻한 말을 전달할 수 있을 것입니다.

"어떻게 오시게 되셨어요?"

내담자들은 이럴지도 몰라요

상담을 통해 만나게 되는 내담자들은 모두 어려움을 가지고 있고, 도움을 필요로 하는 사람들입니다. 그래서 내담자들이 어떠할지를 헤아려 보는 것은 매우 중요한 일입니다. 지금부터 이야기하는 내담자들의 특성이 모두가 이러하다고 말할 수는 없지만, 이러한 가능성을 염두에 둘 때, 훨씬 더 내담자에게 연민을 가지고 따뜻하게 다가갈 수 있을 것입니다.

사람들은 누구나 인생의 위기를 경험합니다. 가정폭력, 경제적 어려움, 따돌림, 이별, 사별, 실직 등 크고, 작은 위기를 경험합니다. 이러한 위기들을 경험할 때, 사람들은 누구나 대처를 하지만, 대처할 수 있는 힘은 저마다 다릅니다.

아래의 그림을 보면, 그래프가 아래로 떨어지는 지점들이 바로 위기 사건이 발생한 시점입니다. 이때, 위기를 대처하는 것은 바로 자아와 지지체계입니다. 내가 가진 힘과 나를 돕고 있는 가족, 친구, 사회적인 여러 지원들이 해당될 수 있습니다. 이처럼 위기에 잘 대처하기 위해서는 내가 가진 힘도 중요하지만, 나를 뒷받침해주는 여러 지지체계 또한 중요합니다. 아래 그림의 사람은 위기에 튼튼한 자아와 튼튼한 지지체계로 위기에 굴하지 않고 전환점을 만들어 가며 성장해 나아가는 모습을 보이고 있습니다.

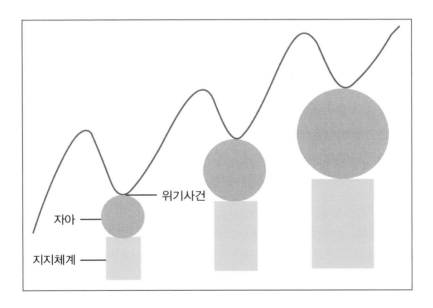

그런데, 만약 자아도, 지지체계도 약하다면 어떻게 될까요? 나름대로 버티고, 또 버티겠지만, 계속 방치되면 끝내는 무너지고 마는 상태가 될 수 있습니다. 아래 그림과 같이 위기를 버티지 못하고 무너지는 것입니다. 상담에서 만나게 되는 내담자의 상태가 어쩌면, 아래 그림의 무너지기 직전의 상태라고 할 수 있습니다. 간신히 버티고 있는 것이죠.

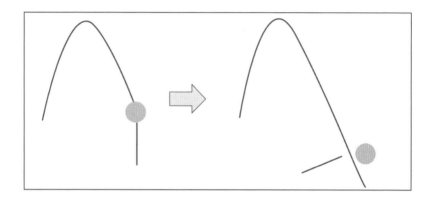

그러면, 이런 내담자들은 어떠한 모습을 보일 수 있을까요? 겉으로 드러나는 모습들은 아마도 우울, 불안, 무기력, 알코올 중독 등으로 나타날 수 있을 것입니다. 또한 관계의 양상으로는 방어기제를 지나치게 많이 쓰고 있을 수 있습니다. 방어기제(defense mechanism)는 말 그대로 자아를 보호하기 위해 쓰고 있는 장치를 뜻하며, 억압이나 부정, 합리화, 투사 등 다양하게 나타납니다. 이러한 방어기제는 사실 누구나 쓰는 것인데, 약한 자아를 가진 사람일수록 더 강하게 방어기제를 쓸 수밖에 없는 것입니다. 일례로, 내담자가 잘못을 했음에도 잘못을 인정할 만한 자아의 힘이 없기 때문에, 잘못을 인정하지 않고 상담자를 탓합니다. 투사라는 방어기제가 작동하는 것이죠.

이처럼 상담을 필요로 하는 사람들은 드러나는 증상이 부정적이고, 또 관계의 양상도 오해를 불러일으키기 쉬운 상태이기 때문에, 주변의 사람들 역시도 점점 떠나가고, 지지체계가 약화될 수 있습니다. 약한 지지체계는 또다시 자아를 약화시키는 이러한 악순환에 빠져들어 있을 수 있습니다.

따라서 상담자들은 내담자들을 만날 때, 내담자들의 이러한 특성을 염두에 두어야만 합니다. 이러한 상황들을 충분히 헤아리고 있다면, 내담자들의 부정적 반응, 과도한 방어적 태도들을 접할 때에도 한층 더 이해하고 받아들이고, 기다려줄 수 있는 태도로 임할 수 있을 것입니다.

지금 제 감정은 …입니다

저는 종종 마음을 물이 담긴 컵에 비유를 합니다. 컵 속의 물은 잔잔하지만, 이물질을 넣으면 어떻게 될까요? 아주 작은 이물질에도 물은 요동칩니다. 우리 삶 역시도 마찬가지입니다. 삶속에서 일어나는 여러 가지 일들이 우리 마음속으로 들어올 때 우리는 쉽게 흔들립니다.

먼지나 흙, 종이 조각 따위가 물 컵에 들어오게 되면, 그 순간은 물이 요동치지만, 이내 잠잠해집니다. 그리고 시간이 좀 더 지나면, 그것들은 가라앉습니다. 물의 표면만 들여다 보면 마치 아무것도 일어나지 않은 것처럼 깨끗합니다. 그런데 정말 아무 일도 일어나지 않은 것은 아닙니다. 이물질이 가라앉아 보이지 않을 뿐이지 분명히 쌓여 있습니다.

여러 차례 이물질이 물 컵에 들어가기 시작하면, 너무 많아서 물이 넘치기도 하겠지만, 물 컵에 조금만 충격을 가해도 가라앉아 있던 이물질들이 부유하기 시작하면서, 더 이상 물이 깨끗해 보이지도 않고 쉽게 넘쳐흐르게 됩니다. 우리 마음의 상태가 이와 같습니다.

우리 마음에 불편하고, 불쾌한 여러 부정적 감정들이 발생하면, 그 순간에는 마음이 요동칩니다. 하지만 시간이 지나면, 우리 마음은 언제

그랬냐는 듯 평온해 보입니다. 하지만, 마음 깊숙한 곳에 부정적 감정들이 쌓여 있죠. 그리고 이후에도 지속적으로 부정적 감정들을 경험하기 시작하면, 물이 넘쳤듯, 우리 마음도 감당을 하지 못하게 됩니다. 그래서 누군가에게는 자기 자신을 공격하는 형태로, 혹은 타인을 공격하는 형태로, 정신질환으로 다양한 방식으로 표출됩니다.

어떻게 해야 할까요?

방치하지 말아야 합니다. 괜찮겠거니 생각하고 덮어두지 말아야 합니다. 어떤 사람들은 자신의 마음에 무엇이 들어왔는데, 들어온 것이 무엇인지를 알지 못합니다. 심지어는 들어온 사실 자체를 모르는 경우도 있습니다. 자신의 마음에 민감해야 합니다. 그래서 무언가가 들어올 때, 그 무언가가 무엇인지 확인을 해야 합니다. 그것이 분노인지, 슬픔인지, 질투인지, 부끄러움인지 그 감정이 무엇인지를 알아채야만 합니다.

알아차렸다면, 그것이 어디에서 온 것인지를 확인해야 합니다. 어떤 상황에서, 어떤 관계에서 내가 부정적 감정을 경험했는지 생각해 봐야 합니다. 그리고 그것이 확인되었다면, 다음으로 할 일은 바로 꺼내는 것입니다. 물 컵의 이물질이 가라앉기 전에 끄집어내듯, 나의 부정적 감정을 꺼내는 것입니다. 또 다른 상담자에게 털어놓거나, 글을 쓰거나 자신만의 방법으로 그것이 마음속에 남아있지 않도록 꺼내야 합니다.

이런 작업은 일회성이 아닙니다. 매일, 지속적으로 일어나야 합니다. 그래야 깨끗한 컵의 물처럼 내 마음도 깨끗하고, 평온한 상태를 유지할 수 있습니다. 포장된 거짓 평온이 아닌 진짜 평온을 갖추기 위해 내 마음을 민감하게 관찰하는 것은 사실 누구에게나 필요한 일이지만, 상담자라면 더더욱 필요합니다.

떠올리기 싫어요

누구에게나 불행한 일들은 닥치기 마련입니다. 그리고 그 불행한 일의 충격이 크면 클수록, 여파는 크게 일어납니다. 충분한 시간이 흘렀음에도 여전히 과거 경험이 떠오를 때, 걷잡을 수 없는 감정에 휩싸이고 압도되어 마치 자신이 무너져 내릴 것만 같은 불안감을 느낄 수 있습니다. 그것이 두려워 조금이라도 과거 경험을 떠올리게 할 만한 무언가가 있을 때, 사람은 의식적으로, 또 무의식적으로 회피를 합니다.

이 모든 과정은 사실 지극히 자연스러운 과정입니다. 안전을 추구하는 인간의 본능입니다. 그렇다고 자연스러운 과정이니까 내버려둘 수 있을까요? 내버려 두면 우선은 삶이 불편해집니다. 예를 들어, 길을 가는데 왼쪽에는 목적지까지 잘 닦인 길이 있고, 오른쪽은 가시덤불이 있어서 찔리거나 다치는 것을 피할 수 없는 길이 있다고 가정해 봅시다. 다만 왼쪽 길에는 자신의 과거 경험을 떠올리게 할 만한 특정한 것이 놓여 있습니다. 과거 경험을 내적으로 해결하지 못한 사람은 잘 닦인 길을 두고도 가시덤불 길을 갈 수밖에 없습니다. 좀 더 쉽고 간단한 예를 들자면, 교통사고의 트라우마를 가진 사람들이 차 타는 것을 회피함으로 불편감을 겪는 것과 마찬가지입니다.

다음으로 미해결된 문제를 내버려두면, 관계에서 문제가 생길 수 있습니다. 예를 들어, 알코올 중독자인 아버지에게서 오랜 기간 고통받으며 자란 사람의 경우, 자신의 배우자가 술을 마시는 것에 지나치게 과도하게 반응할 수 있습니다. 배우자의 입장에서는 가볍게 술을 마시는 것뿐인데 과도한 반응이 나오니 이해하기 어렵고 당혹스럽습니다. 이런 일들이 누적되면, 관계는 손상될 수밖에 없습니다.

상담자가 미해결된 문제를 가지고 있다면, 언제 터질지 모를 폭탄을 안고 있는 것과 다름없습니다. 자신이 겪은 어려움과 유사한 상황의 내담자들을 만날 때, 내담자에게 지나친 감정이입을 하거나, 내담자의 삶 역시도 자신과 같을 것이라고 단정 짓는 등의 부적절한 반응을 보이게 될 위험이 높아집니다. 상담의 시간은 온전히 내담자를 위한 것이 되어야 하는데, 어느 순간 내담자는 뒷전이 되어버리고 상담자의 문제를 더 앞세우게 되어 누가 상담자이고, 누가 내담자인지 모르는 지경에 이르게 될 수도 있습니다. 또한 내담자들이 삶의 어떤 문제를 가지고 올지 모르는데, 자신의 문제를 회피하기 위해, 문제 성격에 따라 내담자를 거르면서 만날 수도 없는 노릇입니다.

결국 상담자는 자신의 미해결된 문제를 직면해야 합니다. 그것이 물론 너무나도 고통스러운 일이겠지만, 과거 경험이 나에게 미친 영향은 무엇인지, 그 경험이 내 삶에서 어떤 의미를 가지는지를 충분히 돌아보아야 합니다. 그것을 언제까지 해야 할까요? 과거 경험을 떠올려도 그 감정에 압도되지 않을 때까지 해야 합니다. 그때라야 비로소 과거 경험으로부터 자유로워질 수 있습니다. 그리고 어떤 문제의 내담자가 오더라도 긴장하거나 불안감을 느끼지 않을 수 있습니다.

왜 상담을 하려고 하나요?
– 상담자 바로 알기

"어떤 영화를 만들어야 하는지? 영화라는 것이 어떠해야 하는지?
저는 그 질문을 늘 가지고 있었고요"

(출처: 유튜브 도올TV)
https://www.youtube.com/watch?v=1bC4144Ej10&t=367s

몇 해 전 이창동 감독의 영화 '버닝'이 개봉했습니다. 개인적으로 영화는 매우 흥미로웠고, 영화에서 말하고자 하는 것이 무엇일지에 대한 궁금증에 유튜브를 검색하다가 도올 선생님과의 인터뷰를 찾아보게 되었습니다.

영화의 내용은 차치하고, 영화를 만든 이창동 감독님의 생각을 들으면서 깊은 감동이 있었습니다. 이창동 감독은 영화를 만드는 내내 영화가 어떠해야 하는지, 어떤 영화를 만들어야 하는지에 대한 질문을 계속해서 하고 있다고 말하였습니다. 그것이 쓸데없는 생각일지 모른다는 말을 하기는 했지만, 저는 그 질문이 너무나도 핵심적이면서도 필요한 질문이라는 생각이 들었습니다.

본질이 무엇인지를 두고 끊임없이 고민하는 것이 어디로도 치우치지 않고, 목적하는 바, 달성하고자 하는 바를 제대로 이룰 수 있는 방법입니다. 그래서 우리가 좋은 상담자가 되고자 할 때, 우리 자신에게 계속해서 상담과 관련된 본질적인 질문을 던져야만, 건강한 상담자로 성장할 수 있을 것입니다. 앞선 이창동 감독의 말에서 영화 대신 상담으로 바꾸어 보면 어떨까요?

'어떤 상담을 해야 하는지? 상담이라는 것이 어떠해야 하는지?'

이러한 질문에 무어라고 답변할 수 있을까요? 저의 답변은 이 책 전반에 걸쳐 소개하였습니다. 그렇지만, 저에게도 이 질문은 답이 내려진 질문이 아니라, 끊임없이 계속해서 해나가야 할 질문이 아닐까 생각됩니다. 그리고 독자 여러분에게도 마찬가지일 것입니다. 특히 저는 여기에서 한 가지 질문을 더 보태고 싶습니다.

'나는 왜 상담을 하려고 하는가?'

제가 저희 기관에 처음 입사를 하게 되는 직원들에게 꼭 이 질문을 건넵니다. 저마다의 이유를 얘기하는데, 제가 강조하는 것은 딱 한 가지입니다. 그 질문을 앞으로도 매일 했으면 좋겠다는 것입니다. 제 사무실 책상의 모니터 밑에는 노란 포스트잇이 하나 붙어 있습니다. 날마다 이를 잊지 않으려는 저만의 노력이죠. 거기에는 이렇게 쓰여 있습니다.

"나는 오늘 왜 출근했는가? 내가 만나는 사람 그 누구라도 그의 성숙을 돕고자 오늘도 이 자리에 있다"

상담의 본질 이해하기

02

상담이라는 것이 무엇을 의미하는지, 그 본질에 대한 고찰

상담은 만남입니다

상담은 외형적으로는 내담자와 상담자의 만남으로 보입니다. 하지만 진정한 의미에서의 만남은 내담자가 내담자 스스로를 만나는 것입니다. 잊어버렸던, 떠올리기 싫었던 혹은 미처 알지 못했던 자기 자신을 만나는 것이 바로 상담입니다.

우리는 아침에 일어날 때, 혹은 누군가를 만나기 전에 종종 거울을 꺼내 들여다봅니다. 내 얼굴에 뭐가 묻었는지, 어떤지 상태를 보는 것이죠. 거울이 현재의 얼굴 상태를 있는 그대로 보여주듯이 상담자는 내담자에게 거울과 같은 역할을 해야 합니다.

거울이 내 모습 그대로를 비춘다면, 사진은 다릅니다. 얼마 전 증명사진을 찍으러 갔던 일이 있습니다. 사진을 찍고 나서 그대로 출력하는 것이 아니라, 제 얼굴에 있는 주름, 잡티와 기미를 지우고, 좀 더 피부를 뽀얗게 만들어서 족히 4~5살은 더 어려 보이고, 잘생겨 보이게 만들어준 사진을 받아들게 되었습니다. 제 마음에는 들지만, 그것이 있는 그대로의 제 모습은 아닙니다.

수정된 증명사진처럼 내담자들은 종종 듣고 싶은 말, 듣기 좋은 말들을 원할 수 있습니다. 하지만, 상담자가 내담자의 그런 바람에 응하기 시작할 때, 결과적으로 내담자는 변화로부터 더 멀어지게 됩니다. 내담자가 상처받을까 염려해서, 혹은 내담자를 돕겠다며 섣부른 해석이나 위안의 말을 건넬 때, 내담자는 자칫 자기 자신의 모습을 있는 그대로 보지 못하게 됩니다. 거울 속의 내 얼굴에서 잡티가 보이고, 주름이 보이고, 흰 머리가 보이는데, 그것을 지워낸 증명사진 속의 '나'는 진짜 '나'가 아닙니다. 상담자는 내담자에게 사진이 아닌 거울처럼 다가가야 합니다.

내담자가 있는 그대로의 자기 자신을 드러냄으로써, 자기 자신이 어떠한지를 보게 되고, 깨닫게 되는 것이 바로 '자기 통찰'입니다. 상담을 해오면서 많은 내담자들이 했던 말이 있습니다.

"선생님, 얘기하다 보니까 알겠어요."
"아... 말하다 보니까 생각나는데..."
"아... 제가 그래서 그랬나 봐요..."

상담자가 내담자의 이야기를 끊거나, 상담자의 생각을 제시하는 등의 행동을 하지 않고, 거울처럼 들어줄 때, 내담자들은 스스로 자기 자신을 보게 됩니다. 알게 됩니다. 생각나게 됩니다. 그리고 깨닫게 됩니다. 그리고 내담자의 변화는 바로 그 깨달음에서 비롯되는 것입니다.

상담은 꺼내는 것입니다

상담을 한마디로 아주 쉽게 표현하자면, '꺼내는 것'이라 할 수 있습니다. 무엇을 꺼낼까요? 바로 힘든 마음입니다. 힘든 마음은 우리 내면에서 딱딱한 돌처럼 존재하고 있습니다. 마치 우리 몸속에 결석(結石)이 생겨서 문제를 일으키는 것과 비슷합니다. 우리 몸에 결석이 생기는 이유는 여러 가지 이물질들이 차곡차곡 쌓이기 때문입니다. 그리고 이 결석이 통증을 유발하면서 문제를 일으키고 있을 즈음에는 우리 몸이 가지는 자연 치유력으로는 해결이 안 될 정도로 커져 있고, 딱딱해져 있는 상태이기 때문입니다.

마음도 이와 같습니다. 마음속에 이물질이 하나, 둘 생기면, 우리의 마음도 자연 치유력이 있기 때문에 해결해 나갈 것입니다. 그러나 그 이물질이 누적되면, 결국 결석이 되고, 더 이상 그냥 내버려두어서는 해결되지 않는 상태가 되고 맙니다. 몸의 결석이 통증이라는 증상으로 나타난다면, 마음의 결석은 우울이나 무기력함으로 나타날 수 있습니다. 이때, 마음의 결석을 꺼내지 않고 내버려둔다면, 결국 더 상태가 나빠질 수밖에 없을 것입니다. 그래서 마음의 이물질을 꺼내는 것이 바로 상담이라고 할 수 있습니다.

상담은 기술이 아닙니다

상담에 대해 많은 사람들이 오해하고 있는 것 중 하나는 상담을 지나치게 기술적으로 이해하려 한다는 것입니다. 이론을 현장에 적용한다는 점에서는 상담을 기술이라고 할 수 있을 것입니다. 하지만 '기술'이라는 단어를 통해서 연상되는 측면이 즉각적으로 사용할 수 있는 도구적인 개념으로 떠오르기 때문에 불편하게 느껴집니다.

상담을 기술이라고 할 때, 이것이 마치 상담자의 인격이나 성품과 분리된 것처럼 생각됩니다. 실제로 상담기술이라는 표현을 사용할 때, 사용하는 사람은 도구적 개념으로 쓰지 않는다고 하더라도, 배우는 사람의 입장에서 도구적 개념을 떠올리기 쉽다면, 상담의 본질이 왜곡될 수밖에 없습니다. 상담이라는 것은 '어떤 질문을 어떻게 하느냐'와 같은 기법이 중심이 아니라 상담자의 성숙한 인격과 성품으로 다가가야 합니다.

상담은 기술이 아닌 태도입니다.

실제 상담과 관련된 다수의 연구에서 치료에 긍정적 영향을 미치는 요인으로 상담자가 어떠한 이론적 배경을 가지고 있는지보다는 어떠한 태도와 품성을 가졌는지가 중요하다고 밝히고 있습니다. 기술이나 기법을 중심으로 상담을 배워 갈 때, 당장 써먹을 수 있는 것으로 인한 **잠깐의 안도감**은 가질 수는 있겠으나, **지속적인 안정감**을 갖기는 어려울 수 있습니다.

상담자의 태도를 성숙시키기 위한 노력 없이 기술만을 다루게 될 때의 문제점은 상황이 달라지는 경우에 응용이 어렵다는 것입니다. 상담 장면에서 만나게 되는 내담자들은 비슷해 보이는 경우라도 너무나도 다르고 다양합니다. 이러한 상황에서 시의적절하게 응용하는 것은 기술만으로는 불가능한 일입니다. 그리고 또 한 가지는 기술을 사용함에도 불구하고 효과가 없을 때입니다. 이러한 기술의 한계를 극복할 수 있는 것이 바로 상담자의 태도입니다. 훌륭한 기술에는 감탄할 수 있지만, 훌륭한 태도에는 감격하게 됩니다. 그래서 초보 상담자는 무엇보다 성숙한 태도를 갖추기 위해 부단히 노력해야 합니다.

상담은 평가나 분석과 다릅니다

상담을 받는다고 할 때, 어떤 모습이 떠오르나요?

아마도 많은 사람들이 상담자가 내담자에게 당신의 문제는 무엇이라고 가르쳐주고, 또 그것을 어떻게 해결할지를 알려주는 모습을 상상할 것입니다. 물론 이렇게 상담을 하는 곳도 있을 것이고, 또 이러한 방법을 선호하는 내담자들도 많을 것입니다. 하지만, 좀 더 구체적인 이야기를 하자면, 이것은 심리상담이기보다는 '심리평가' 또는 '심리분석'이라고 불러야 합니다.

상담(相談)의 한자어를 살펴보면, 서로 상(相)과 말씀 담(談)을 사용합니다. 상담은 '서로 말을 나누는 과정'입니다. 즉, 서로 말을 나누는 과정이 핵심이 되어야지, 상담자가 평가하고, 해석해서, 해결책을 알려주는 일방적인 과정이 핵심이 되는 것을 '상담'이라고 부를 수는 없을 것입니다. 다만 심리평가의 자료를 보조적으로 사용할 수 있을 것입니다.

상담자는 내담자에 대해 질문을 하고, 내담자는 상담자의 질문에 따라 자신의 이야기를 하는 과정 속에서 스스로가 어떠한지를 깨닫는 것이 바로 심리상담입니다. 그리고, 여기에서의 깨달음은 상담자로부터 제공되는 것이 아닌 내담자가 스스로 발견하는 것입니다. 내담자가 이야기를 하는 과정에서 스스로 깨닫는 것이 중요합니다.

심리평가나 심리분석을 원하는 내담자의 욕구는 역시 한 가지입니다. 바로 자기 자신을 알고 싶다는 것이죠. 그러면 임상현장에서 만나는 많은 내담자들이 왜 '심리상담'이 아닌 '심리평가'나 '심리분석'을 원할까요?

그 편이 쉽기 때문입니다. 내가 답을 찾는 것보다 누군가가 답을 찾아주면, 내가 고민하지 않아도 되기 때문입니다. 또한, 그런 방식으로 누군가에게 답을 얻어 가며, 의존해 왔던 습관이 있기 때문입니다.

하지만, 여기에는 몇 가지 문제가 있습니다. 우선 '심리평가'나 '심리분석'이 내담자를 100% 정확하게 반영하지 못한다는 것입니다. 정확하지 않은 진단에서 비롯되는 해결책이 정확할리는 만무하겠죠? 두 번째로 설사 정확하게 평가를 하고, 그에 대한 해결책을 제시했다고 가정할 때, 그 해결책으로 빠른 문제 해결이 가능할 수도 있겠습니다. 하지만, 내담자는 계속해서 상담자의 해결책을 기다릴 수밖에 없게 되는 문제가 생깁니다. 비유적으로 표현하자면, 물고기 잡는 법을 가르쳐줘야 되는데 계속 물고기를 잡아다주는 형국입니다.

내담자가 근본적으로 성장하기 위해서는 '심리평가'나 '심리분석'이 아니라 '심리상담'이 우선되어야 합니다.

상담은 믿는 것입니다

상담은 믿는 것입니다. 하나는 내담자의 힘을 믿는 것이며, 또 하나는 내담자의 말을 믿는 것입니다.

저는 두 아이의 아빠입니다. 아이를 양육하면서 사람이 본디 가진 힘에 대해서 느끼는 순간들이 종종 있습니다. 그중 하나가 바로 첫 걸음마를 뗄 때였습니다. 아이를 키워 본 경험이 있는 모든 엄마, 아빠들은 공감할 수 있는 감격스러운 순간입니다. 저는 그 순간을 영상에 담아두었는데 볼 때마다 참 신비롭다는 생각을 합니다.

제가 저희 아이가 걸음마를 떼기 위해, 먼저 물건을 잡고 일어서야 하며 일어설 때는 발바닥을 정확하게 지면에 맞닿게 한 후에 허리에는 힘을 줘서 꼿꼿이 세우고 한 발, 한 발 내디디면 걸을 수 있게 된다고 설명해 주었을까요? 그 누구도, 그 어떤 부모도 이렇게 설명하는 사람은 없을 것입니다. 가르치지 않아도, 아이는 스스로 걷고자 하는 것입니다. 이것이 바로 사람이 본디 가지고 있는 힘입니다.

제가 존경하는 심리학자인 칼 로저스(Carl R. Rogers, 1995)[1]는 모든 유기체가 스스로 성장, 성숙을 향해 끊임없이 나아간다고 하며, 이를 '자기실현 경향'이라고 정의하였습니다. 아무리 어려운 상황 속에 있는 내담자라 할지라도, 결코 아무것도 하지 않고 있지 않습니다. 나아지기 위한 무언가를 하고 있습니다. 내담자가 이러한 자기실현 경향을 가진 힘이 있는 존재라는 것을 굳게 믿어야 합니다.

두 번째로 믿어야 하는 것은 바로 내담자의 말입니다. 초보 상담자에게 상담에 대해 지도하면서 있었던 일입니다. 내담자가 뻔한 거짓말을 한다는 것입니다. 그래서 거짓말인지 어떻게 아는지를 물었습니다. 그러자 '안 봐도 다 티가 나는데요.'라고 답하였습니다. 이어 내담자에게 거짓

---

1   Rogers, C. R. (1995). A way of being. Houghton Mifflin Harcourt.

말인 것 같다고 물어보지는 않았는지 확인하자, 물어보지는 않았다고 답하였습니다.

상담을 하면서 종종 내담자의 말이 사실인지 아닌지 궁금할 때가 있습니다. 사실 그런 의구심이 드는 것은 자연스러운 것이며, 그럴 때 그것이 사실인지를 물어보면 됩니다. 그런데 묻지 않고, 거짓말을 하고 있는 것이라고 단정 짓는 것이 문제입니다. 설사 내담자가 거짓말을 한다고 한들, 상담자가 사실 관계를 따지는 것이 상담에서는 별로 중요하지 않습니다.

객관적인 사실이 중요하다기보다는 내담자가 어떻게 인식하고, 어떻게 받아들이고 있는지가 더욱 중요합니다. 상담자가 내담자의 인식은 내팽개치고 사실관계만을 따지기 시작할 때, 내담자들은 상담자로부터 존중받고 있다는 느낌을 받지 못합니다. 상담자에게 방어적인 태도를 취하며 사실로부터 더 멀어지게 될 수 있습니다.

상담자가 객관적 사실이 아닌 내담자의 주관적 사실을 받아들이는데, 도움이 되는 한 가지 생각은 세계가 다르다는 것을 인정하는 것입니다. 우리가 우리의 문화와 생활습관이 전혀 다른 외국 사람들을 만나게될 때, 그 자체를 인정해주지 그것을 바꾸라고 강요하지 않습니다. 예를 들어, 인도 사람과 함께 식사를 한다고 가정해 봅시다. 인도 사람이 식사를 손으로 먹는다고 해서 손으로 먹으면 안 된다며 충고를 하지는 않을 것입니다. 마찬가지입니다. 상담자가 만나는 내담자가 나와는 다른 나라, 다른 세계의 사람이라고 생각하게 되면, 비록 상담자와는 다를지언정 내담자의 세계를 좀 더 인정하고, 존중하는 것이 쉬워질 것입니다.

내담자가 알고 있고, 느끼고 있는 것을 존중하고, 믿는 것에서 출발해야 합니다. 그러다 도저히 믿기 어려운 부분이 있을 때, '거짓말을 하고 있다'라고 결론 내리는 것이 아니라 그저 믿기 어려운데 어떻게 된 것인지를 물어보면 되는 것입니다.

'신뢰(信賴)'라는 단어는 '믿을 신', '의지할 뢰'로 이루어져 있습니다. 풀이하면 믿고 의지한다는 뜻입니다. 그런데 저는 이것을 조금 바꾸어서 생각해 보면 좋겠습니다. 먼저 믿고, 그 믿는 것에 의지하는 것입니다. 내담자의 힘과 내담자의 말을 먼저 믿고, 그 믿음에 의지해서 상담을 이어나간다면, 내담자에 대한 보다 깊은 존중을 보일 수 있을 것입니다.

상담은 내려놓는 것입니다

상담은 내려놓는 것입니다. 무엇을 내려놓아야 할까요? 바로 '자기 자신'입니다.

저는 매일 하루의 시작을 핸드드립 커피와 함께 합니다. 일어나면 먼저 30분 동안 산책을 하고, 집으로 돌아와 샤워를 마치고, 출근복으로 갈아입은 뒤, 커피를 내립니다. 물을 끓이고, 수동 그라인더(핸드밀)를 이용해서 원두를 곱게 갈아냅니다. 커피가 분쇄되면서 올라오는 커피의 향을 맡고, 한 방울, 두 방울 내려지는 커피를 보고 있자면, 마치 잠자고 있던 저의 의식을 깨우는 듯합니다.

하루는 이런 고요한 저의 아침 일상에 작은 파장이 일어났습니다. 평소와 다름없이 원두를 그라인더에 한 스푼, 두 스푼, 세 스푼 넣고서 커피를 갈려던 찰나 그라인더를 그만 떨어뜨리고 말았습니다. 쿵~! 촤르르르~ 원두가 사방으로 흩어졌고, 그 순간 힘이 빠지고, 이내 짜증이 밀려왔습니다. 무릎을 꿇고 엎드려서 가구들 밑으로 들어간 커피 원두를 하나씩 하나씩 주워 담았습니다. 그리고 문득 한 가지 생각이 떠올랐습니다.

'그럴 수 있지 뭐'

커피를 쏟은 것은 결코 제가 원하지 않았던 상황입니다. 그렇지만, 만약 제가 '커피를 절대로 쏟아선 안 돼'라고 하는 인식을 끝까지 유지하고 있다면, 어떻게 될까요? 제 자신을 엄청나게 자책하고, 화를 내게 될 것입니다. 하지만, '커피를 쏟을 수도 있지'라고 조금만 바꾸어서 생각하면, 자기 자신에게 부정적인 메시지를 표현하지 않아도 되는 것입니다.

마찬가지로 나 자신에게 가지고 있는 생각, 가치관, 신념, 고집은 누구에게나 있습니다. 그런데 그것을 내려놓지 못하고 꽉 붙들고 있다면, 나 자신을 포함해서 다른 사람을 받아들이는 일 또한 어렵게 됩니다. 이것만이 답이라고 생각하고 있는 사람에게 다른 것을 제시한다면, 충돌이 일어날 수밖에 없는 것이죠. 그래서 상담자라면, 상담자 자신에게도 내담자에게도 자신을 내려놓고 '그럴 수 있습니다'라고 이야기하는 자세가 필요합니다.

상담은 안전해야 합니다

'상담'이라는 특수한 상황에서 무엇보다 중요한 것은 안전입니다. 물론 상담자도 안전해야 하겠으나, 지금 제가 말하고자 하는 안전은 바로 내담자가 느끼는 안전을 말하는 것입니다. 저는 종종 저와 만나는 내담자들에게 상담이 어떻게 시작될지를 안내하면서, 이렇게 말을 건네곤 합니다.

"오늘 저와 이야기 나누시는 이 시간에 '아, 여기는 괜찮구나, 여기서는 말해도 되는구나, 여기서는 내가 있는 그대로 얘기해도 안전하구나'라고 느끼셨으면 좋겠습니다"

저는 우리나라 사람들이 특히 더 안전에 대한 충분한 신뢰를 가지고 있지 못하다고 생각합니다. 공공연히 드러나 있는 통계가 그것을 설명해 주는데, 우리나라의 자살률은 OECD 국가 1위입니다. 반면에 우리나라의 출산율은 OECD 국가 최하위입니다. 이것이 무엇을 의미할까요?

삶에 대한 희망이나 기대감이 적다는 것입니다. 그리고 그 자체가 안전함을 느끼지 못하는 것과 같은 의미입니다. 맞습니다. 우리는 때때로 안전에 대한 위협을 느끼기 쉬운 상황에 놓여 있습니다. 그래서 상담을 필요로 할 정도의 삶의 위기를 겪을 때, 더더욱 우리는 안전하다는 감각에 취약해집니다.

상담실에 있는 그 순간만이라도, 내담자들이 이곳은 정말 안전하다고, 이 사람 앞에서는 정말 안전하다고 느끼려면, 어떠해야 할까요? 꾸며진 친절이 아닌 마음 깊숙한 곳에서부터 우러나오는 따스함과 애정이 내담자에게 전달되어야 합니다. 그리고 결코 내담자에게 어떠한 비난도, 비판도 하지 않고, 모든 것이 수용될 수 있음이 전달될 때, 내담자는 안전함을 느낄 수 있을 것입니다.

상담은 익명이 보장됩니다

안전과 더불어 함께 생각해 볼 부분이 바로 '익명성'입니다. 과거에 저는 사람들이 가족, 친구, 이웃과 같은 주변 사람들에게 자신의 어려움을 충분히 이야기할 수 있다면, 굳이 상담자가 필요할지에 대해 의문을 지니고 있었습니다. 여러분은 어떠신가요?

결론부터 말하자면, 상담은 꼭 필요합니다.

이해관계를 함께하고 있는 사람에게 자신의 내밀한 이야기를 하는 것은 이해관계를 함께하고 있음으로 인해 보다 깊은 공감대를 가질 수 있다는 장점이 있기도 하지만, 한편으로는 충분하게 비밀이 보장될 수 있는지에 대한 위험도 따를 수밖에 없습니다. 그로 인해 충분히 이야기한다고 하지만, 이해관계로 인해 어느 정도의 제약이 발생될 수밖에 없습니다. 그 제약이라는 것은 비밀 누설의 위험 때문에 고통에 대한 자유로운 자기표현이 억제되는 것을 의미합니다. 반면에 익명성이 보장되는 상담실의 경우는 어떨까요? 아주 내밀한 이야기를 보다 더 안전하고, 보다 더 자유롭게 이야기할 수 있을 것입니다.

'중이 제 머리를 못 깎는다'라는 속담이 있죠? 아무리 뛰어난 상담자라 해도, 수많은 이해관계에 얽혀 살아갑니다. 그리고 그 이해관계로 인해 상담자도 주변인들에게 모든 것을 털어놓기는 어려울 수 있습니다. 그런 점에서 상담자도 때로는 익명성을 보장받는 곳에서 자신을 상담해 줄 상담자가 필요합니다. 실제로 상담을 받거나, 글을 쓰거나 등 다양한 형태로 자기 자신을 충분히 털어놓는 경험이 있어야 합니다.

아래 그림처럼, 각 상담자와 내담자의 마음의 그릇이 가득 차 있습니다. 이 때 상담자가 내담자를 충분히 받아들이기 위해서는 상담자의 비워냄이 필요합니다. 익명이 충분히 보장되는 곳에서 상담자가 또 다른 상담자에게 충분히 비워낼 때, 비워낸 만큼의 공간이 생깁니다. 그리고, 그 공간에 상담자는 내담자를 받아들일 수 있게 됩니다. 내담자 역시도 익명성이 충분히 보장되는 공간인 상담실에서 마음의 찌꺼기를 남기지 않고 털어낼 수 있을 것입니다.

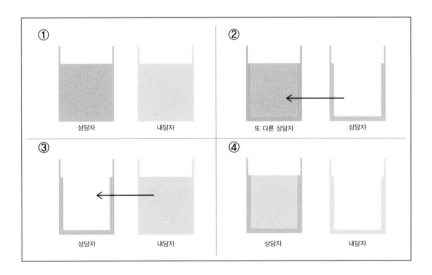

상담은 머무르는 것입니다

사람이라면 누구나 본능적으로 문제 상황을 싫어하기 마련입니다. 스트레스를 유발하는 문제 상황에 봉착할 때, 효과적인지 어떠한지를 떠나 문제를 해결하려 부단히 애를 씁니다. 그리고 이것은 내담자의 문제를 마주하는 상담자에게서도 종종 나타나는 현상입니다. 내담자의 문제를 해결해주려고 부단히 애를 쓰는 것이지요.

하지만, 문제 해결이 상담의 본질은 아닙니다. 물론 문제를 해결해주는 것은 너무나도 매력적이지만, 앞서 이야기했듯 상담자를 근본적으로 돕지 못합니다. 상담의 본질은 바로 내담자를 깊이 이해하는 것에 있습니다.

비유적으로 표현하자면 이렇습니다. 비를 맞고 있는 사람이 있을 때 우리는 먼저 비를 맞지 않게 하기 위해 우산을 주거나, 비를 피할 수 있는 곳으로 데려가려고 할 것입니다. 그런데 상담은 비를 맞지 않게 하는 것이 아니라, 오히려 그 곁에서 함께 비를 맞는 것이라 할 수 있습니다. 비를 맞고 있을 때, 느끼는 추위, 찝찝함, 불쾌함 등의 다양한 감정들을 함께 느끼는 것입니다. 즉, 기꺼이 상담자가 내담자가 경험하고 있는 고통의 자리로 나아가서, 그곳에 함께 머물면서 내담자가 느끼는 기분과 감정들을 고스란히 함께 경험하는 것입니다.

여기에서 주의할 점은 함께 비 맞는 자리에 있는 것이지, 비 맞는 사람을 멀찌감치 떨어져서 지켜보는 것과는 다르다는 것입니다. 비 맞는 사람을 멀리서 바라볼 때는 '왜 저기서 저러고 있지? 비 맞으면 추울 텐데...'라고 하는 정도의 생각과 감정이 들겠지만, 곁에 가서 함께 비를 맞을 때는 멀리서 볼 때와는 전혀 다른 차원의 생각과 감정을 함께하게 되는 것입니다. 그것이 바로 '공감', '함께 공(共)', '느끼다 감(感)'으로 함께 느낀다는 의미입니다. 그래서, 상담자가 내담자의 이야기를 들을 때, 항상 함께 비를 맞는 이미지를 떠올리며 들으면 좋겠습니다.

또한 주의할 점은 너무 섣불리, 왜 거기서 비 맞고 있냐며 데리고 오려 하지 말아야 한다는 사실입니다. 본능적으로 문제를 회피하고자 하는 사람의 본능을 거스르면서도, 그 문제에 머무르기 위해서는 내담자에 대한 깊은 존중이 있어야만 합니다. 괜히 내담자가 그러한 상황에 놓여 있는 것이 아닐 것이라는 생각을 가져야 합니다. 섣불리 내담자의 삶에 대해, 문제 해결방법에 대해 이러쿵저러쿵 얘기하지 않고, 그저 내담자를 온전히 이해하고자 하는 태도, 이런 것들이 녹아들어 있을 때, 진정한 공감(共感)이라 할 수 있습니다.

상담은 진실해야 합니다

저는 두 아이의 아빠입니다. 큰 아이는 현재 8살, 둘째 아이는 6살입니다. 아이들과 함께 외출을 할 때, 종종 낯선 사람들과 함께 있게 되는 상황이 있습니다. 엘리베이터를 탄다거나, 버스에서 옆자리에 앉는다거나, 공원에서 비슷한 곳에 자리를 잡는 등 다양한 상황이 있습니다. 그럴 때, 종종 사람들이 저희 아이들을 보면서 스스럼없이 다가와 말을 건네고, 웃어주고, 심지어는 간식을 나눠주기도 합니다. 왜 그럴까요?

귀여워서 다가오기도 하겠지만, 단순히 그것만은 아닙니다. 생면부지임에도 불구하고, 스스럼없이 다가갈 수 있는 이유는 아이들이 가진 자질 때문입니다. 바로 '순수함'입니다. 달리 말하면 진실되기 때문이죠.

아이들은 '좋으면 좋다, 싫으면 싫다'라고 표현합니다. 좋으면서 싫다고 하거나, 싫으면서 좋다고 하지 않습니다. 아이들은 느끼는 것이나, 생각하는 것이나, 말하고 행동하는 것이 모두 일치합니다. 즉, 겉과 속이 다르지 않습니다. 바깥으로 보이는 말과 행동이 똑같다는 것은 다른 사람으로 하여금 신뢰감과 안전감을 가져다줍니다. 불확실한 것이 없기 때문입니다.

아이들에 반해 어른들은 어떨까요? 불확실할 때가 너무 많습니다. 겉으로는 친절하지만, 속으로는 어떤 생각을 하고 있을지 모를 때가 종종 있습니다. 저도 속으로는 기분이 나쁘면서도 겉으로는 괜찮다고 말할 때가 있었습니다. 이 외에도 여러 가지 상황과 사정으로 우리는 속내를 있는 그대로 드러내지 못할 때가 참 많습니다. 그런데 이러한 사실을 상담을 하러 오는 내담자들도 알고 있다는 것입니다. 그렇기에 어쩌면, 내담자도 상담자에 대한 불신감을 가지고 있을 수 있습니다.

불신을 불식시킬 수 있는 것이 모든 아이들이 가지고 있는 자질, 바로 진실성입니다. 모든 아이들이 가지고 있는 이 진실성이야말로 사람이 사람에 대해 가지고 있는 경계와 의심을 허물 수 있는 가장 강력한 무기입니다. 상담자는 아이들에게서 진실성을 본받아야 합니다.

진실성을 어렵게 하는 것은 주로 긍정적 감정이 아닌 부정적 감정에서 비롯되기 쉽습니다. 긍정적 감정은 상대방과의 관계를 어렵게 만들지 않지만, 부정적 감정은 상대방을 불쾌하게 만들 수 있기 때문입니다.

상담자가 내담자들에게 긍정적 감정뿐만 아니라 부정적 감정을 느끼게 될 수 있습니다. 그리고 그 부정적 감정을 처리하는 것이 어려워 외면하거나 회피할 때, 진실성을 잃어버리는 것이며, 내담자는 상담자에게서 불확실함을 느낄 것입니다. 그리고 그런 불확실함은 분명히 내담자가 상담에서의 자기 노출 정도에 영향을 미치게 될 수 있습니다.

그래서 상담자는 내담자에게서 드는 부정적 감정들, 예를 들어 내담자가 약속을 지키지 않았다거나, 내담자가 다소 거친 말을 했다거나 등등의 일들에서 느끼는 감정들을 표현해야만 합니다. 'I-message'라고 하죠? 상대방을 공격하지 않으면서, 나 자신이 어떠한 감정을 느끼고 있는지를 전달해야 합니다. 그렇게 부정적 감정을 표현하는 것을 연습해 나갈 때, 상담자는 내담자와 보다 더 진실되고 깊이 있는 관계를 맺을 수 있게 될 것입니다.

상담은 조언이 아닙니다

제가 즐겨 보는 TV 프로그램 중 하나는 '유퀴즈온더블럭'입니다. 방송인 유재석과 조세호가 진행을 하며, 다양한 사람들을 만나는 과정에서, 그들의 상황이나 생각을 접할 수 있다는 점에서 매력적인 프로그램입니다. 하루는 프로그램에서 MC들이 다양한 사람들에게 잔소리와 조언의 차이점에 대해서 묻고 있었습니다. 그리고 어느 초등학생이 한 답변에 정말 박장대소를 했습니다. 한참을 웃었지만, 그 답변에 저는 해답이 있다는 생각이 들었습니다.

초등학생은 이렇게 말했습니다. "잔소리는 왠지 모르게 기분 나쁜데 충고는 더 기분 나빠요"

이 말이 의미하는 바는 조언이든 충고든 잔소리든 원하지 않는다는 것입니다. 도움이 되지 않는다는 것이지요.

초등학생의 말처럼 조언이 도움이 되지 않음에도 불구하고, 상담 현장에서 많은 상담자들이 조언을 건네거나 혹은 내담자들이 조언을 구하는 경우들을 심심치 않게 보게 됩니다. 그렇다면, 구체적으로 왜 조언이 도움이 되지 않는지를 하나씩 이야기해 보려고 합니다.

첫째, 몰라서 못하는 것이 아니기 때문입니다.

상담자가 제시하는 조언이 정말로 기발하고 새로운 방법이 아닌 이상 어떻게 해야 할지는 누구나 생각을 하기 때문입니다. 그리고 웬만해서는 기발하고 새로운 방법을 제시하기가 쉽지 않습니다. 예를 들어, 알코올 중독자가 술을 끊어야 건강해질 수 있다는 것을 모를까요? 학생들이 공부를 열심히 해야 한다는 사실을 모를까요? 결코 모르지 않습니다. 어떻게 해야 할지 몰라서 못하는 것이 아닙니다.

둘째, 원하지 않기 때문입니다.

초등학생도 이야기했지만, 원하지 않고 기분이 나쁘다는 것입니다. 내담자들이 자신의 고민을 얘기할 때, 우선적인 욕구는 바로 이해받고자 하는 것입니다. 이해받고 싶어 이야기를 꺼내는데, '이렇게 해라, 저렇게 해라'라며 상담자가 듣지 않고 말하기 시작하면, 내담자는 불쾌해질 수 있습니다. 상담자의 역할은 말하는 것이 아닌 듣는 것입니다.

셋째, 적절하지 않기 때문입니다.

만약 상담자가 조언을 한다고 할 때, 그 조언은 어디에서 비롯되는 것일까요? 아마도 상담자가 가지고 있는 경험과 지식의 틀 안에서 비롯되는 것일 것입니다. 그런데, 내담자의 상황은 어떨까요? 내담자가 처해 있는 상황이 상담자의 경험과 지식으로 모두 설명 가능한 것일까요? 결코 그렇지 않습니다. 상담자의 경험과 지식으로 설명 가능한 영역은 극히 일부분에 불과합니다. 극히 일부분의 근거를 가지고 하는 조언이 내담자에게 적절할 리 만무합니다.

넷째, 부정적인 메시지를 전달하기 때문입니다.

상담자의 조언은 내담자에게 숨은 메시지가 전달될 수 있습니다. 물론 의도하는 것은 아니겠지만, 조언을 한다는 그 자체는 내담자가 문제가 있다는 것, 그리고 그 문제를 해결할 방법이나 능력이 없다는 것을 확인시키는 것이 될 수 있습니다. 상담에서 상담자는 내담자를 자기 문제를 해결할 힘, 능력이 있는 존재로 바라봐야 하는데, 오히려 그 반대가 되고 맙니다. 결론적으로 역량을 강화하는 메시지가 아니라 역량을 약화시키는 메시지가 전달이 될 수 있습니다.

이렇게 4가지 이유로 조언이 도움이 되지 않음을 이야기했습니다.

상담을 할 때, 역량을 약화시키는 '조언' 대신 역량을 강화시키는 '칭찬'을 하면 좋겠습니다. 문제가 많아도 이렇게 어려운 상황이었는데 어떻게 이겨냈는지, 혹은 어떻게 버텨냈는지 등등의 칭찬을 전달하면, 그 속에서 문제를 해결할 수 있는 내담자의 힘이 더 강화될 수 있을 것입니다.

상담은 뒤에서 밀어주는 것입니다

하루는 길을 걸어가던 중에 리어카를 끌고서 폐지를 줍고 계시는 어르신이 눈에 띄었습니다. 폐지가 한가득 실린 리어카를 끌고 가시는데, 오르막길에서 멈춰 서고 말았습니다. 그리고 그 상황을 보게 된 지나가던 경찰관이 리어카의 뒤로 가서 리어카를 밀어주었는데, 그 모습이 너무나도 인상 깊었습니다. 이것이 바로 상담의 본질을 나타내주는 장면이라는 생각이 들었습니다.

경찰관이 어르신을 대신해서 리어카를 끌어줄 수도 있었을 것입니다. 하지만 경찰관은 그러지 않았고, 뒤에서 밀어주었습니다. 어르신 대신 리어카를 끄는 것과 뒤에서 밀어주는 것은 엄청난 차이가 있습니다. 우선은 리어카를 끄는 그 자리에 경찰관이 가지 않았다는 것은 어르신이 있어야 할 자리를 빼앗지 않고, 리어카를 끄는 어르신의 역할을 빼앗지 않은 것입니다. 혹자는 리어카를 끄는 것을 돕는 것으로 여길 수 있겠지만, 그것은 오히려 상대방의 삶의 영역에 자기 멋대로 개입하는 무례한 행동에 가깝습니다. 상담에서도 이렇게 무례한 행동이 나타날 때가 많습니다. 마치 내담자의 삶을 훤히 다 안다는 듯 분석하고 말하는 것이 그런 경우입니다.

경찰관은 뒤에서 밀어주었습니다. 어르신의 목적지까지 밀어준 것이 아니라 오르막을 오르기 힘들어하는 그 순간, 정말 도움을 필요로 하는 그 순간에 밀어준 것입니다. 여기서도 경찰관이 만약 계속 밀어주었다면, 어르신은 아마도 자신의 의지가 약해지고, 누군가에게 도움을 받고 싶은 의존 욕구가 더 생겨날 수 있을 것입니다.

상담에서도 마찬가지로 내담자가 할 수 있는 부분들, 하려고 하는 부분들까지도 상담자가 이래라저래라 이야기하는 것은 곤란합니다. 내담자가 하려고 하는 것들을 한 걸음 뒤에서 따라가면서 도움을 필요로 하는 그 순간에 잠깐 밀어주고, 또 뒤따라 가다가 요청할 때 밀어주는 것, 이것이 바로 내담자의 힘을 약하게 만들지 않으면서도 내담자를 잘 돕는 것이라 할 수 있습니다.

상담은 집중하는 것입니다

집중한다는 것을 어떻게 알 수 있을까요? 집중의 증거 중 하나는 바로 시간이 어떻게 가는지를 모른다는 것입니다. 우리가 흔히 엄청나게 재미있는 놀이를 하거나, 영화를 보거나, 즐거운 시간을 보낼 때, 하는 말이 있습니다.

"벌써 시간이 이렇게 됐네?"

시간이 가는 것을 떠올리지 않을 정도로 그 활동에만 모든 신경이 집중되어 있음을 의미합니다. 반대는 어떨까요?

"왜 이렇게 시간이 안가?"

정말 듣고 싶지 않은 강의를 듣거나 잔소리를 듣게 될 때, 우리는 내용에 집중하기보다는 시간에 집중하게 됩니다. 조금이라도 빨리 그 시간이 마무리되기를 바라면서 말이죠.

그래서 상담자 스스로가 시간가는 줄 모르고 상담이 진행되었다고 한다면, 엄청난 집중도를 발휘한 것이라 할 수 있습니다. 그렇게 내담자의 이야기에 몰입하고 흠뻑 빠져들면, 많은 내담자들에게 공통적으로 나오는 반응이 있습니다. 바로 '눈물'입니다.

사실상 우리가 온전히 무언가에 집중하기란 너무 어려운 시대를 살고 있습니다. 핸드폰을 통해 쉴 새 없이 알람이나 연락을 받고, 너무나도 빠르게 변화해 가는 세상 속에서 뒤처지지 않기 위해 발맞추어 가다 보면, 내가 무엇을 하고 있는지도 인식하기 힘든 것이 오늘날의 삶인 듯합니다. 그런 점에서 모든 것을 잠시 OFF 해두고, 오직, 온전히 내담자의 이야기만을 집중해서 들을 때, 내담자들은 감격의 눈물을 흘리곤 합니다.

그래서 상담자는 상담을 하기에 앞서 자기 자신의 상태를 점검해 보는 것이 필요합니다. 내담자를 만나기에 앞서 상담자가 충분히 집중할 수 있는 상태인지를 점검하는 것입니다. 물론 모든 상담에서 항상 최적의 상태를 유지하는 것은 쉬운 일은 아닐 수 있습니다. 그럼에도 불구하고, 이를 반복적으로 의식하고 준비할 때, 상담에서의 집중도는 높아질 것입니다.

상담 전 집중을 위한 자기점검 리스트

- 나의 현재 신체적 상태는 충분히 편안한가?
- 나의 옷차림에는 신경을 쓰지 않아도 될 정도인가?
- 급히 처리해야 할 일을 앞두고 있지는 않은가?
- 오늘 나의 정서적 상태는 충분히 안정적인가?

상담은 민감해야 합니다

많은 내담자들이 입으로는 진실을 말하기 어려워하면서도, 몸으로는 진실을 말하곤 합니다. 그래서, 상담자가 내담자의 진짜 이야기를 듣기 위해서는 바로 몸이 말하는 진실에 귀 기울일 줄 알아야 합니다. 즉, 비언어적 의사소통이죠.

많은 연구에서도 밝혀진 바가 있듯, 의사소통에서 더 많은 부분을 차지하는 것이 언어적인 것보다는 비언어적인 것입니다. 표정이나 시선, 자세, 호흡, 목소리, 말의 속도 등이 해당됩니다. 제가 만났던 한 내담자는 조금이라도 건드리면 눈물이 뚝 하고 떨어질 것만 같은 표정과 충혈된 눈을 한 채로 "전 괜찮아요. 지금도 충분히 행복해요"라고 말을 했습니다.

만약 제가 여기서 비언어적인 의사소통에 민감하지 않고 언어적 의사소통에만 집중했다면, 어떤 일이 벌어질까요?

> 내담자: 전 괜찮아요. 지금도 충분히 행복해요
> 상담자: 그러시군요. 정말 다행이네요.
> 내담자: ....

위의 예시처럼 상담을 했다면, 아마도 내담자 역시 정말로 하고 싶은 이야기를 끝끝내 하지 못한 채 상담이 끝나버릴 수 있습니다. 반면에 아래와 같이 내담자의 비언어적인 의사소통을 포착하고 다룬다면 어떻게 될까요?

> 내담자: 전 괜찮아요. 지금도 충분히 행복해요.
> 상담자: 음... 말씀은 괜찮다고 행복하다고 하시는데, 표정은 전혀 그렇게 보이지가 않아서요... 어떠세요?
> 내담자: 흑흑(흐느끼며) 사실...

내담자들이 용기를 내지 못하고 있지만, 비언어적으로 표현되고 있는 것을 포착하고 다루게 되면, 내담자들은 조금 더 용기를 낼 수 있게 됩니다. 그리고 정말로 하고 싶었던 이야기를 비로소 할 수 있게 됩니다.

많은 내담자들이 이렇게 비언어적인 의사소통을 합니다. 어떤 내담자들은 불안감을 느끼며 식은땀을 흘리거나, 다리를 떤다거나, 혹은 상담에 비자발적으로 오게 되어서 말을 하지 않는다거나 등 여러 모습으로 나타날 수 있습니다. 내담자의 이러한 여러 모습을 상담자가 민감하게 포착하고 다루어야만, 내담자와의 깊이 있는 대화가 가능해질 것입니다.

상담은 질문하는 것입니다

옷을 구매하기 위해 쇼핑몰에 갔을 때의 일입니다. 당장 입을 바지가 필요해서, 어떤 옷을 사야 할지 이리저리 둘러보고 있는데, 종류도 많고, 어떤 것을 골라야 할지 감이 오질 않았습니다. 누구라도 와서 설명도 해주고, 어떤 것이 내게 어울릴지도 이야기를 해줬으면 하는 마음에 계산대 앞을 이리저리 기웃거려도, 점원은 바쁜 일이 있는지 저에게 한마디 말도 건네지 않았습니다. 끝끝내 관심조차 없는 점원을 뒤로하고, 저는 결국 옷을 사지 않고 매장을 나왔습니다.

이런 유사한 상황이 상담실에서도 일어날 수 있습니다. 옷을 구매하러 매장에 들어가듯, 내담자가 용기를 내어 상담을 받으러 옵니다. 그런데 상담자는 내담자에게 매우 소극적인 태도를 취합니다. 마치 와도 그만, 안 와도 그만인 것처럼 느껴지는 소극적 태도에 결국 내담자는 이야기하기를 포기해버립니다.

내담자들이 용기를 내어 상담실 안까지 들어왔다면, 상담자는 내담자의 용기에 화답할 수 있는 적극적인 대응을 해야만 합니다. 그 적극적인 대응이 바로 질문입니다. '어떻게 왔는지', '어떤 어려움이 있는 것인지', '어떻게 대처해 왔는지' 등등의 적극적인 질문들이 내담자에게 향해야 하는 것입니다. 그리고 그 질문들 속에서 상담자의 내담자에 대해 알고 싶어 하는, 너무나도 알고 싶어 하는 그 마음이 전달되어야 합니다. 그럴 때 내담자는 '아 이 사람이 나에게 관심이 있구나'라는 생각에 더 자기 이야기를 활발하게 하게 되고, 그 과정에서 자기 탐색이 촉진될 수 있습니다.

초보 상담자들은 종종 이런 적극적인 질문을 하지 않는 이유에 대해 '말하기 힘들어할까 봐', '부담스러워할까 봐' 등의 말을 하곤 합니다. 하지만, 정말로 내담자가 힘들어서 그런 것인지 알지 못하면서, 내담자가 그럴 것이라 지레짐작하는 것은 너무 소극적인 태도입니다. 달리 말하자면, 비겁하다고도 할 수 있습니다. 왜냐하면, 적극적으로 말하지 않는 상담자의 내적인 이유가 있을 수 있기 때문입니다. 정말로 이야기를 듣고 싶지 않아서일 수도 있고, 부담스러운 이야기가 나올까 봐 그럴 수도 있고, 질문에 거절을 당할까 봐 두려워서일 수도 있습니다. 이유가 무엇이 되었든, 중요한 것은 상담자의 적극성이 발휘되지 않으면, 내담자의 이야기를 깊이 다루는 것은 불가능해진다는 것입니다.

그래서, 상담자는 아래의 그림과 같이 내담자의 문제의 핵심에 다가가기 위한 적극적인 질문을 깊이 있게 해야만 합니다. 그런 핵심적인 질문을 하지 못하고 주변부에 머무르거나, 깊이 들어갈 수 없는 아주 사소한 질문만을 이어 간다면, 결코 내담자의 속마음으로 다가가기는 어려울 것입니다.

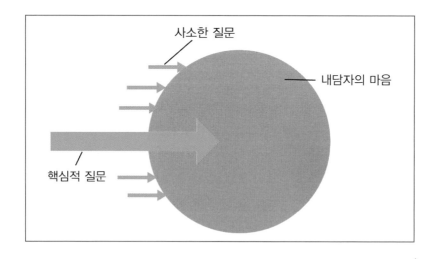

상담자가 내담자를 알기 위해 적극적으로 질문하기 시작한다면, 내담자도 기꺼이 자신의 이야기를 하나둘 꺼낼 용기를 낼 수 있을 것입니다.

상담은 따라가는 것입니다

흔히 하는 말로 '한국말은 끝까지 들어봐야 안다'라고 하죠? 말이 채 끝나기도 전에, 판단하는 것이 옳지 않다는 의미입니다. 이는 상담에서도 동일하게 적용될 수 있습니다. 상담자가 내담자를 섣불리 추측, 판단하며 앞서지 않고, 따라가야 합니다. 내담자에 대한 추측이나 판단이 일어나는 이유는 상담자가 가진 지식과 경험으로 내담자도 그럴 것이라고 가정하기 때문에 일어납니다. 사실 상담자의 지식과 경험은 내담자를 깊이 이해하는 것에 분명 도움이 되기도 하지만, 자칫 앞서갈 수 있기 때문에 그 경계를 잘 살펴야 합니다.

아래 그림은 상담자와 내담자의 지식과 경험의 공통점과 차이점을 드러냅니다. 아래 그림에는 상담자의 것과 내담자의 것이 겹쳐지는 지점이 있습니다. 이 지점이 바로 상담자가 내담자를 깊이 이해하는 지점이라고 할 수 있습니다. 그런데 주의할 것은 이것이 내담자의 일부일 뿐이지, 결코 내담자의 모든 것을 설명해주는 것은 아님을 기억해야 합니다.

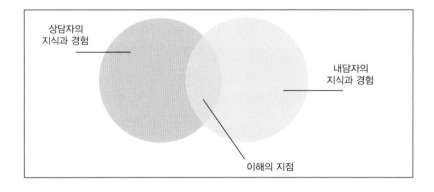

상담자의
지식과 경험

내담자의
지식과 경험

이해의 지점

물론 상담자가 다양한 지식을 습득하고, 여러 내담자를 만나 가면서 다양한 고통에 대한 간접 경험이 많아지면, 아래와 같이 내담자를 이해하는 영역도 넓어집니다. 하지만, 이 역시 내담자의 모든 것을 설명해주지 않음을, 결코 그럴 수 없음을 기억해야 합니다.

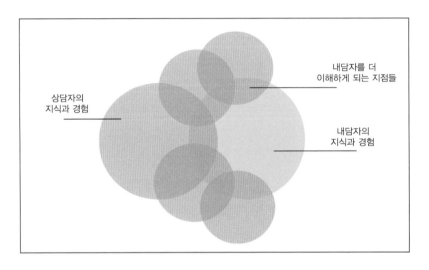

실제 상담장면에서 상담자가 내담자의 이야기를 끝까지 듣지도 않았는데, 어느 정도 이야기가 나온 것을 바탕으로 상담자가 '아~ 그렇겠구나'라고 추측합니다. 거기서 그치지 않고 추측한 것을 말로 내뱉기 시작하면서 내담자를 앞서가게 됩니다. 실제로 상담에서 종종 이러한 일들이 일어날 수 있는데, 몇 번은 내담자들이 '오~ 맞아요!'라며 그에 대해 긍정적 반응을 보일 수도 있습니다. 하지만 추측이 어긋나면, 내담자들은 '아니, 아니~ 그게 아니고요'와 같은 말을 하며, 상담자의 말이 틀렸다고, 내가 말하는 건 다르다고 이야기를 하는 상황이 발생됩니다. 이러한 일이 여러 번 반복되면, 내담자는 상담자를 의심하게 될 수 있습니다. '이 사람이 내 말을 잘 듣고 있는 것 맞나?'라고요.

이러한 추측을 하게 될 때, 발생되는 또 한 가지 문제는 상담자가 내담자에게 집중하지 않게 된다는 것입니다. 봤던 영화를 다시 본다면 어떨까요? 뭔가 특별한 목적을 가지고 있지 않다면, 봤던 영화를 다시 보면서, 처음 볼 때만큼의 집중도를 발휘하지는 않을 것입니다. 마찬가지로 추측, '이럴 것이다'라는 생각으로 듣는다면, 알고 있는 것이 맞는지 안 맞는지 확인하는 차원으로 듣는 것이지, 모든 것을 새롭게 받아들이며 듣는 것과는 그 집중도에 차이가 있을 수밖에 없습니다.

상담자가 내담자에 대해 추측하고, 알아맞혀서 대단하게 보이고 싶은 욕심이 있을 수 있습니다. 하지만, 상담은 내담자의 이야기를 귀 기울여 듣는 것이 핵심이지, 마치 점을 보러 간 것처럼 알아맞히는 것이 아닙니다. 그래서 내담자의 이야기를 듣되, 섣부른 추측을 하지 말고 끝까지 잘 들어야 합니다. 그것이 곧 따라가는 것의 의미입니다.

상담은 역동적입니다

상담이 역동적이다? 비교적 제한된 공간과 제한된 시간에서 이루어지는 상담이 어떻게 역동적이라고 생각이 들 수 있을까요? 만약 상담이 역동적이지 않다면, 그것은 상담을 잘못하고 있다는 증거라고 할 수 있습니다.

'결석'을 비유로 들어 보겠습니다. 저는 한 번도 '결석'을 경험해 본 일이 없지만, 친구가 요로결석에 걸려 치료하면서, 얼마나 고생을 했는지 들을 수 있었습니다. 결석이 컸던 터라 체외에서 충격을 반복적으로 주면서 결석을 잘게 분쇄하였지만, 그래도 해결이 어려웠고, 결국 개복 수술을 해서 결석을 제거했습니다. 이 모든 과정이 대략 3개월에 걸쳐서 일어났는데, 쉽지 않은 과정임을 짐작할 수 있었습니다.

마음의 결석 또한 마찬가지입니다. 마음의 응어리진 것이 너무 크면, 한 번에 다 제거할 수가 없습니다. 여러 차례 반복해서 떼어내야 합니다.

그리고 결석을 제거하면서 필연적으로 피가 날 수밖에 없듯이, 마음의 응어리를 떼어낼 때도 고통이 있을 수밖에 없습니다. 너무 고통스러운 나머지 '이것을 안 떼어낼 수는 없을까? 이렇게 그냥 지내면 안 될까?' 라고 하는 생각이 들기도 합니다. 그래서 내담자들은 때때로 상담 약속 시간에 나타나지 않기도 하고, 약속을 취소하는 일도 왕왕 발생합니다. 상담을 진행하는 과정 중에도 어느 정도까지는 이야기했지만, 그 다음으로 넘어가지는 못하는 상황도 일어납니다. 대개는 그 넘어가지 못하는 그 부분을 넘어가야만 보다 더 효과적인 상담이 이루어질 수 있습니다.

이렇게 내담자가 자신의 문제에 대해 이야기하고 싶지만, 두려운 나머지 이야기하고 싶지 않아 하는 이런 양가적인 태도 속에서 내담자의 저항이 나타납니다. 내담자의 이야기를 보다 더 듣고자 하는 상담자의 의지와 내담자의 저항이 부딪히는 상황들은 그야말로 역동적입니다.

과연 내담자가 어려워하는 그 부분을 이야기할 용기를 낼 수 있을지, 어떨지 촌각을 다투는 과정 속에서는 진땀이 나기도 합니다. 최종적으로는 내담자가 용기를 내야만 하는 문제이기에 상담자로서는 내담자가 용기를 내주기만을 간절히 기다릴 수밖에 없기도 합니다. 그리고 포기하지 않고 내담자를 기다리면서 말이죠.

상담은 한계가 있습니다

모든 내담자들이 어려움을 가지고 있다는 점에서 안타까움을 느낍니다. 그런데, 특히 그런 안타까움을 더더욱 많이 느끼게 되는 내담자들이 있습니다. 물리적으로 어떠한 조치도 취할 수 없는 상황으로 인해 고통받는 내담자들의 경우가 그렇습니다. 예를 들어, 난치병으로 인해 시한부의 삶을 살고 있다거나, 실직이나 폐업 등으로 경제적 상황이 너무 좋지 않은 경우 혹은 사별을 경험한 유가족을 만날 때 등 다양한 상황들이 있습니다.

내담자의 내적인 문제로부터 비롯된 것이 아니라 심리적 고통을 야기하는 실질적 문제가 있는데, 그 문제를 해결할 방도가 없는 상황 속에서 상담을 하는 경우, 상담의 한계는 더욱 크게 느껴지기 마련입니다. 그리고 그러한 상황에서의 상담은 내담자로 하여금 자기통찰에 도달하게 돕기보다는 내담자의 아픔, 괴로움에 대한 충분한 공감과 지지를 보내는 것이 최선이 될 수 있습니다.

상담을 잘하는 것도 중요하지만, **더 중요한 것은 내담자에게 해를 입히지 않아야 합니다.** 이런 점에서 상담의 한계를 인정하지 않고, 상담자가 문제를 해결해주어야 한다는 마음을 앞세우게 되면, 대개는 상담자가 부적절한 말과 행동을 하게 될 가능성이 높아집니다. 그리고 상담자의 부적절한 말과 행동으로 인해 내담자는 크나큰 상처를 받게 될 수 있습니다.

상담자가 문제 해결사라는 인식을 가지고 있으면, '내가 뭐라도 해야 되지 않을까? 무슨 말이라도 해야 되지 않을까?'라는 생각이 떠나지 않을 것입니다. 그런 초보 상담자에게 제가 건네고 싶은 말은 하나입니다. 그저 입을 꾹 다물라는 것입니다.

자녀를 자살로 떠나보내게 된 부모님과 상담을 했던 일이 있습니다. 30분가량 이어진 상담 시간 동안 저는 한마디의 말도 하지 않았습니다. 그저 함께 울었고, 그 시간에 함께 있는 것이 전부였습니다. 그것으로 충분합니다. 기억하면 좋겠습니다. 한계를 인정하지 않으면 내담자를 상처 입힐 수 있음을...

상담은 절제하는 것입니다

저는 영화를 무척 좋아합니다. 영화를 통해 만나는 다양한 이야기들에 매료되어, 영화와 관련된 뒷이야기를 비롯해 여러 정보들을 뒤져가며 한참을 빠져 지낼 때가 많습니다. 그래서 새로운 영화를 접하는 것은 늘 흥미와 기대로 가득 차는 일입니다. 그런데 이렇게 영화를 보다가 산통을 깨는 순간들이 있는데, 그중 하나가 바로 말도 안 되는 신파를 접할 때입니다. 소위 '갑툭튀'라는 말이 이상하지 않을 만큼 억지 감동, 억지 눈물을 쥐어짜내게 하는 이야기를 접할 때, 큰 실망감과 아쉬움이 몰려옵니다. 반면에 신파를 걷어내고, 등장인물들의 감정을 극히 절제함으로써 오히려 보다 깊은 여운을 남기는 영화들이 있습니다. 저는 그런 영화를 접할 때, 그 영화의 힘이 바로 '절제'에서 나온다고 생각합니다.

상담에서도 필요한 것이 바로 '절제'입니다. 여러 차례 강조해서 얘기해도 부족함이 없는 것은 상담의 핵심은 내담자의 자기통찰과 수용이라는 것입니다. 내담자 스스로가 통찰을 통해서 얻어야 할 몫을 상담자가 나서서 해석을 하거나, 이런 것이 필요하다는 등의 조언을 하는 것은 바람직하지 않습니다. 내담자의 자기통찰을 촉진할 만큼만 상담자의 개입이 필요하며, 이를 위해 상담자는 극도의 절제미를 발휘할 필요가 있습니다. 내담자의 문제의 핵심이 어떠하다는 판단이 들 때, 그 판단을 말하기보다 내담자 스스로가 찾도록 기다려주는 것입니다.

상담자가 절제하는 만큼 내담자에게 성장할 수 있는 기회를 제공합니다.

상담은 상담자에게도 유익합니다

상담은 분명히 내담자를 위한 것입니다. 그런데 상담은 일방적인 것이 아니라 쌍방향적이며, 상담자의 어떠함이 내담자에게 영향을 미치지만, 내담자의 어떠함이 상담자에게도 영향을 미칩니다. 그래서 아주 성공적인 상담을 할 때, 그것이 훈련된 상담자의 자질 때문이기도 하겠지만, 한편으로는 자기통찰과 수용에 충분히 준비되어 있는 내담자를 만난 이유이기 때문이기도 합니다.

꽤 오래전 제가 상담을 했던 내담자가 생각납니다. 불안 장애를 문제로 상담을 진행하였는데, 그 내담자와 시간 가는 것을 잊을 정도로 깊이 있게 내담자의 이야기를 다루었습니다. 내담자 역시도 상담에 임할 동안 적극적인 자기 통찰을 해나가면서 자기 자신에 대한 확신을 얻어 가는 것을 느낄 수 있었습니다. 상담을 마치고, 내담자와 헤어지는 인사를 할 때, 굉장히 당혹스러운 감정이 들었습니다. 분명히 상담을 위해 처음 만난 내담자임에도 불구하고, 마치 오래전부터 알고 지냈던 사람과 인사를 나누는 듯한 기분이 들었기 때문입니다. 이후에 그 감정을 돌이켜 보며, 상담이라는 짧은 시간이지만, 그 안에서의 밀도 있는 교류를 통해 서로에 대한 친밀감이 쌓였기 때문이라는 결론에 도달할 수 있었습니다.

그렇습니다. 상담은 내담자를 위한 것이지만, 내담자와 아주 깊은 친밀감을 나눌 때, 그것이 상담자에게도 일종의 카타르시스를 경험하게 합니다. '나'라고 하는 인간의 독립적인 존재로서 가질 수 있는 실존적 외로움이 잠깐이나마 상담이라는 깊은 관계를 통해서 해소되는 경험을 하는 것입니다. 이러한 상담의 긍정적 경험이 축적될 때, 상담자도 성장합니다.

상담은 누구나 할 수 있지만, 아무나 할 수 없습니다

상담을 누구나 할 수 있을까요?

이러한 질문에 저는 '예'라고도, '아니오'라고도 답할 수 있습니다. 보통 우리가 '상담자'라고 할 때, 객관적으로 검증이 가능한 자격증의 보유 여부를 떠올릴 것입니다. 이것은 너무나 자연스럽고 마땅한 것이기도 합니다. 그런데 상담 관련 자격증을 가진 사람이 모두 상담을 잘하는지를 묻는다면, 결코 "그렇지 않다"라고 답할 수 있습니다.

제가 알고 지내는 한 목회자는 상담과 관련된 자격증을 보유하지도, 관련된 공부를 많이 하지도 않았습니다. 그럼에도 불구하고, 그분은 상담자라고 부르기에 손색이 없을 정도로 성숙된 인격과 성품을 가지고서 다른 사람들의 이야기를 진중하게 들어주고 있었습니다. 그런 목회자이기에 성도들, 심지어 교회를 다니지 않는 사람들조차도 그 목회자에게 편하게 다가가, 스스럼없이 자신의 문제를 털어놓는 것을 보게 되었습니다.

상담 자격증을 가졌지만, 상담을 잘하지 못하는 상담자와 상담 자격증은 없지만 상담을 잘하는 목회자가 있다면, 여러분은 과연 누구에게 상담을 받으시겠습니까? 두말 할 나위 없이 목회자를 선택할 것입니다.

제가 말하고 싶은 부분은 자격증이 있다고 해서 그것이 자격을 갖춘 것을 의미하지는 않는다는 것입니다. 관리상 편의를 위해 자격증을 만들고, 사람들은 이를 취득하기 위한 일정한 교육과 시험, 훈련 등을 거칩니다. 자격증을 따기 위해 들이는 시간과 노력도 충분히 의미 있고 가치 있는 것이지만, 자격증을 획득한 것만으로 충분하다고 여겨서는 안 된다는 것입니다.

'나는 정말 상담자로서 자격이 있는가?'

상담자는 이 질문을 스스로에게 계속해서 묻고 또 물어야만 상담자로서 진정한 자격을 갖추어 갈 수 있을 것입니다.

상담의 과정과 실제 경험하기

03

① *상담이 이루어지기까지*

실제로 상담을 하게 될 때, 어떠한 과정을 거쳐서 상담자와 내담자가 만나게 되는지를 이야기해 보려고 합니다. 큰 틀에서는 비슷하겠지만, 상담자가 어떤 기관에 속해 있는지에 따라서 세부적인 내용은 다를 수 있음을 참고하시길 바랍니다.

◐ 자발적으로 상담이 이루어지는 경우

| 1. 내담자의 고민 | 문제가 생긴 처음부터 바로 상담을 고민하는 사람은 없을 것입니다. 나름대로 문제를 해결해 보려고 함에도 불구하고 여전히 어려운 상황이 지속될 때, 사람들은 '외부의 도움을 받아볼까?'라는 생각을 하게 됩니다. |

| 2. 내담자의 정보 확인 | 외부의 도움을 받고자, 생각하는 단계에서 과연 어디에서 도움을 받을 수 있을지를 찾기 시작합니다. 이 단계까지도 내담자는 상담을 받기로 마음의 결정을 내린 상태는 아닙니다. 여전히 상담을 하나의 가능성으로 찾고 있는 단계입니다. 미디어, 인터넷, 카페, 신문, 지역 내 다양한 홍보 게시글, 지인들의 이야기 등을 통해 도움을 받을 수 있는 곳에 대한 정보를 접수하기 시작합니다. |

| 3. 내담자의 연락 | 상담을 받을 수 있는 곳에 대한 정보를 접수하고도 바로 연락을 취하지 못하는 경우가 많을 수 있습니다. 정말로 상담을 받아야 될 정도인가? 혹은 비용이 너무 비싸면 어떡하지? 혹은 내가 이 정도로 나약한가? 등의 수많은 염려와 걱정들로 연락하기가 망설여질 수 있습니다. 그리고 내담자가 연락을 했다는 것은 최종적으로는 내적인 여러 갈등을 극복하고 연락을 주었다는 것이 중요합니다.
연락의 방법 역시도 기관마다, 내담자마다 다를 수 있을 텐데, 방문, 전화, 홈페이지, SNS 등을 통해서 연락을 취하게 될 수 있을 것입니다. 아무래도 직접 방문을 하거나 전화하는 것이 내담자의 입장에서는 부담이 되는 일인 반면, 상대적으로 홈페이지에 글을 남기는 것은 덜 부담이 되는 일일 것입니다. |

| **4. 약속 설정** | 내담자가 상담기관에 연락을 했다면, 다음으로는 상담자가 정해지고, 상담자와 내담자 간에 상담이 가능한 시간 조율이 이루어질 것입니다. 상담 약속이 가지는 의미는 이것이 내담자의 노력과 선택으로 이루어졌다는 것입니다. 다시 말해 내담자는 상담 약속을 잡는 그 순간에도 더 나아지고자 노력하고 있음을 의미합니다. |

| **5. 상담실 방문** | 상담자와 내담자가 약속했던 시간에 맞추어서 상담실에서 상담이 시작됩니다. 기관 사정과 내담자의 사정에 따라서 상담실이 아닌 내담자의 집이나 다른 공간에서 상담을 하게 될 수도 있습니다. 중요한 것은 개방되어 있지 않고 비밀이 잘 유지될 수 있는 공간인지, 목소리가 타인에게 들리지는 않는지가 중요합니다. |

위의 경우는 내담자가 스스로 상담기관을 찾아오게 된 경우이지만, 실제 임상현장에서는 지역사회에 있는 동행정복지센터, 학교, 사회복지기관, 경찰, 소방 등을 통해서 의뢰가 들어오는 경우가 많습니다. 이처럼 내담자가 직접 연락을 취하지는 않지만, 의뢰가 오는 과정은 다음과 같이 이루어집니다.

◐ 기관 의뢰로 상담이 이루어지는 경우

| **1. 유관기관의 문제 파악** | 상담실로 의뢰를 하는 기관은 기존에 알고 있거나, 혹은 새롭게 알게 된 내담자의 문제가 있고, 그 문제에 대해 상담이 필요하다고 판단하게 됩니다. |

2. 안내 및 동의	의뢰기관은 내담자에게 상담에 대한 안내와 함께 동의를 받습니다. 이때, 의뢰기관이 내담자에게 상담에 대한 명확한 안내 및 동의 없이 상담이 진행되면, 이후 상담 과정에서 내담자와 상담자 간 신뢰관계의 형성에 어려움이 생길 수 있습니다. 어떤 내담자는 어떻게 내 연락처를 알았는지 거부감을 가진다거나, 상담 자체가 성사되지 않을 수 있습니다. 따라서, 내담자에게 안내와 동의를 받는 과정은 매우 중요합니다. 안내와 동의가 되었다면, 의뢰기관은 상담실로 전화, 홈페이지, 공문 등을 통해 상담 의뢰를 합니다.
3. 의뢰 접수	상담실에서는 의뢰 내용을 접수하고, 내담자에게 연락을 합니다. 상담이 이루어지기 위해 내담자가 직접 연락했던 것과 달리 의뢰를 받은 경우, 상담자가 먼저 내담자에게 연락을 함으로 인해 내담자 입장에서 낯선 곳에 전화하는 것에 대한 부담은 덜 게 되는 측면이 있습니다.
4. 약속 설정	'자발적으로 상담이 이루어지는 경우'와 동일하게 진행됩니다.
5. 상담실 방문	'자발적으로 상담이 이루어지는 경우'와 동일하게 진행됩니다.

② (사례) 상담 접수 대응 과정

아래 사례는 가상의 사례입니다. 그리고 상담자가 속해 있는 기관의 특성에 따라 세부적인 내용이 달라질 수 있습니다. 제가 일하고 있는 기관의 경우는 거주 지역별로 상담자가 나누어져 있음으로 인해 거주 지역을 확인하는 과정들이 추가적으로 있습니다. 이처럼 기관 마다의 특성에 따라 부분적으로 내용을 변경하여 적용할 수 있습니다.

상담 문의전화 대응 순서

전화 수신 및 인사말 → 상담실 알게 된 경로 파악 → 상담 희망자의 본인 여부 확인 → 상담을 원하는 주요 문제 확인 → 상담 약속 시간 잡기 → 인적사항 확인(이름, 나이, 성별, 연락처) → 센터 위치 안내 후 통화 종료

상담자: 감사합니다. ○○○○○○(상담기관 이름)입니다.

내담자: 네. 상담받고 싶은데 어떻게 해야 되나요?

상담자: 아, 네. 전화 주셔서 감사합니다. 혹시 저희 기관은 어떻게 알게 되셨나요?

> 여러 가지 업무를 수행 중인 상담자는 상담 문의 전화가 올 수 있는 것에 늘 대응이 되어 있어야 합니다. 하지만, 때때로 갑작스럽게 전화를 받거나, 미처 충분히 준비되지 않은 상태에서 전화를 받게 될 수 있습니다.
> 이때, 상담자의 입장에서는 기관을 알게 된 경로를 물음으로써 시간적 여유를 확보할 수 있습니다. 꼭 그런 이유가 아니더라도 내담자의 입장에서 전화를 하게 된 경위를 파악함으로써 내담자에 대한 관심, 그리고 상담기관이 어떻게 홍보되고 있는지 또한 파악할 수 있습니다.

내담자: 인터넷 검색하니까 나오던데요.

상담자: 네 그러셨군요. 지금 전화 주신 분께서 상담을 받으시려는 건가요?

> 때때로 본인 문제가 아닌 가족이나 지인의 문제를 두고 상담 문의 전화를 하는 경우가 많이 있습니다. 이때, 상담 희망자가 본인이 아닌 경우, 그리고 본인의 동의가 없는 경우에는 상담 자체가 불가능할 수 있다는 부분에 대해 안내를 해야 합니다. 이를 위해 전화 접수 초기에 상담 희망자가 본인인지 확인이 필요합니다.

내담자: 예. 제가 좀 상담을 받고 싶어서요.

상담자: 예 감사합니다. 이렇게 전화 주시기까지 많이 고민하셨을 것 같은데 어떤 부분이 불편하셔서 상담을 받고 싶으신가요?

> 많은 내담자들이 전화를 걸기까지 여러 차례 고민을 합니다. 그리고 많은 내담자들이 마지막으로 문을 두드려 보자는 심정으로 상담실로 전화를 거는 경우가 종종 있습니다. 이에 전화를 하기까지의 내담자의 고민을 상담자가 알고 있음을 나타내는 표현을 하는 것은 내담자의 마음을 여는 것에 도움이 될 수 있습니다.

내담자: 직장 일이 너무 힘들어요. … 어디서 얘기할 곳도 없고 그래서... 좀 털어놓고 싶네요.

상담자: 네... 많이 힘드셨겠네요. 그러면 본격적인 상담 진행을 위해서 약속 시간을 정해야 하는데, 언제가 괜찮으신가요?

내담자: 요일은 상관없고, 오전만 가능해요. 오후에 일을 해서...

상담자: 그러시군요. 그러면 가장 빠른 날짜로 00일 00시인데, 괜찮으신가요?

> 전화 접수 단계에서 인적 사항을 확인하는 이유는 내담자가 상담실로 오지 않거나 혹은 기관 및 상담자의 사정으로 상담 약속에 변경이 필요한 경우 등의 변경사항을 확인하기 위해서 필요합니다.

내담자: 네 저는 □□□□입니다

상담자: 혹시 저희 상담실 위치는 아시나요?

내담자: 아 ○○○○ 근처 아닌가요?

상담자: 네 맞습니다. 잘 찾아오실 수 있도록 상담 시간과 장소 문자로 안내해
드리겠습니다. 그러면, 그날 뵙겠습니다. 감사합니다.

③ 상담의 진행 ① 소개하기

일반적으로 상담이 진행되는 형태를 아래와 같이 크게 3단계로 제시할 수 있습니다.

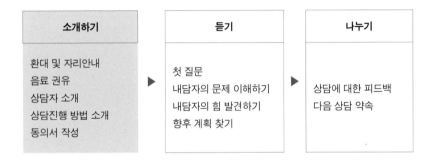

'소개하기'의 단계는 내담자가 처음 상담실에 도착했을 때부터 본격적인 상담에 들어가기에 앞서 내담자에게 필요한 안내를 하는 일련의 과정들입니다.

환대 및 자리안내

소개하기 단계에서 가장 먼저 필요한 것은 정중한 인사와 함께 내담자에게 자리를 안내하는 것입니다. 상담실에서 상담을 하는 경우 상담자는 내담자가 상담실의 내부 공간에 대한 이해가 전혀 없는 상태인 것을 이해해야 합니다. 내담자가 상담 기관에 도착했다면, 상담자는 재빨리 일어나 내담자를 적극적으로 맞이하며, 어디로 가야할지, 어디에 앉아야 할지를 안내해주어야 합니다. 이 첫 단계에서 어떻게 맞이하는지도 내담자의 마음을 여는 중요한 요인이 될 수 있습니다.

자리를 안내할 때, 주의할 점은 상담실의 위치상 내담자가 안쪽으로,

상담자는 문이 있는 쪽으로 앉는 것이 좋습니다. 이것은 내담자와 상담자 모두에게 도움이 되는데, 우선 내담자의 입장에서는 바깥쪽을 향해 앉는 것보다 훨씬 더 안정적인 느낌을 가질 수 있게 해줍니다. 그리고 상담자의 입장에서는 혹여나 내담자가 돌발행동, 위협적인 행동을 할 때, 급하게 피할 수 있어야 하기 때문입니다.

음료 권유

내담자들은 처음 와본 상담실에 처음 만난 상담자에 모든 것이 낯선 상황입니다. 거기에다 자신의 어려움을 얘기해야 하는 것이 결코 쉬운 일이 아닙니다. 그 누구라도 해보지 않은 것을 할 때 우리 몸은 긴장을 하게 되고, 몸이 얼어붙을 수 있습니다. 마치 운동선수들이 연습 때는 잘했지만, 시합 때 긴장을 해서 평소보다 못한 성적을 거두는 것과 비슷한 이치입니다.

너무 자극적이지 않으면서도, 따뜻한 음료를 한 잔 권하는 것은 내담자의 긴장을 낮추고 이후 상담 분위기를 부드럽게 만들어 내담자가 좀 더 편안하게 자신의 이야기를 하도록 도울 수 있습니다. 물론 음료를 거절하는 내담자에게 굳이 억지로 권할 필요는 없습니다.

상담자 소개

상담자를 소개할 때는 짧고 담백하게 하는 것이 좋습니다. 상담자가 상담을 하기 위해 어떠한 훈련 과정을 거쳤으며, 어떠한 자격증을 보유하고 있고, 경력은 얼마나 되는지 등의 내용을 구구절절 설명하지 않아도 됩니다. 간단하게 소속과 이름 정도를 구두로 안내하면서 명함을 건네는 것으로 충분합니다.

만약 내담자가 상담자에 대해 추가적으로 궁금한 것이 있는 경우라면, 내담자가 물어볼 것이고, 물어본 것에 대해서만 답변을 해주면 됩니다. 자신감이 없는 초보 상담자일수록 자기 자신이 가지고 있는 자격이나 역량을 설명하려 들거나 혹은 내담자가 물어보는 것에 대해 지나치게 방어적인 태도를 취할 수 있는데, 이것 역시 상담자가 충분히 훈련되지 않았음을 반증하는 것입니다.

예시

상담자 A

> 상담자: "안녕하세요. 먼저 제 소개를 드리겠습니다. 저는 '○○○○'에서 일하고 있는 '○○○'이라고 합니다(명함을 건네면서)."

상담자 B

> 상담자: "안녕하세요. 먼저 제 소개를 드리겠습니다. 저는 '○○○○'에서 일하고 있는 '○○○'이라고 합니다. 저는 ○○○대학에서 ○○학과를 졸업했습니다. 그리고 정신과 병원에서 1년간의 수련을 거쳐 정신건강 전문요원 자격을 취득하고, 대학원에서는 박사과정을 이수했습니다. 상담 경력은 …"

상담자 A와 상담자 B의 경우를 비교해 보면, 더 자세히 알 수 있을 것입니다. 상담자 A의 경우, 간단하게 자신에 대해 소개를 합니다. 반면, 하지만 상담자 B는 구구절절 자신에 대해 장황하게 소개를 합니다. 상담자 B의 입장에서는 자신의 과거 이력들을 설명하는 것이 내담자에게 신뢰를 주겠다는 목적일 수 있겠으나, 정작 내담자는 왜 그런 이야기를 하는지 이해하지 못할 수 있습니다.

상담자 B는 오히려, 자신이 내담자에게 전문적이게 보이지 못할까봐 가지는 불안과 염려에서 비롯된 것일 수 있습니다. 그러한 불안은 상담자가 느끼는 것이지 내담자가 느끼고 있는 것이 아닙니다. 상담자가 마치 자기 암시를 하듯, 자신이 해왔던 것들을 통해 자신의 불안을 낮추고 있는 것입니다. 이런 점에서 상담자 B의 소개는 내담자를 위한 것이 아니라 상담자 본인을 위한 것으로 사용되고 있습니다. 상담의 모든 시간은 분명히 내담자를 위한 것이어야 합니다.

몸이 아파서 병원을 갈 때를 떠올려 보면 좋겠습니다. 의사 선생님들이 바로 환자의 상태를 중심으로 하여, 어디가 아픈지를 물어보는 것으로 시작하지, 자신이 어느 대학을 나왔으며, 경력이 어떠했는지를 말하는 것으로 시작하지 않습니다. 상담에서도 마찬가지입니다. 당장 급한 문제를 다루어야지 상담자가 어떤 사람인지를 다루는 것이 우선이 되어서는 안 됩니다. 상담자가 어떠한 자격을 갖추었는지가 중요하지 않다는 것이 아니라 그러한 내용들은 별도의 자료(리플릿이나, 명함 등)를 통해 제공되는 것으로 충분합니다.

상담진행 방법 소개

상담자를 소개했다면, 다음으로는 상담의 진행 방법에 대해 소개를 해야 합니다. 우리가 수술을 할 때에도 의사 선생님께 수술이 어떠한 방식으로 어떻게 이루어지는지 설명을 듣는 것과 같습니다. 만약 구체적인 설명도 하지 않고, 갑자기 수술실로 데려가 마취를 하고, 수술을 한다면 정말 황당한 일이겠죠? 상담에서도 진행 과정을 충분히 설명하는 것이 필요합니다.

특히 상담에서의 진행 방법을 소개해야 하는 이유는 우리나라 사람들에게 상담이라는 것이 보편화되어 있지 않기 때문입니다. 상담을 하면 대강은 어려운 것을 말하는 것이겠거니 생각할 수 있지만, 구체적으로 어떻게 진행이 되는지, 어떤 검사를 해야 하는 것인지 등을 궁금해할 수 있기 때문입니다. 그래서 본론으로 들어가기 앞서 어떻게 진행되는지를 안내해주는 것이 필요합니다.

예시

상담자: 먼저 상담이 어떻게 진행될지 말씀드리겠습니다. 시간은 50분 정도 걸리고, 그보다 일찍 끝날 수도 있습니다.

주로 제가 ○○○님(내담자)의 이야기를 들을 텐데, 생각나시는 대로 편하게 이야기하시면 됩니다. 제가 ○○○님의 이야기를 최대한 집중하면서 들을 것이고, 그 과정에서 어떠한 판단이나 평가도 하지 않고 ○○○님의 입장을 이해하면서 들으려고 합니다.

그리고 '이렇게 혹은 저렇게 해야 된다'라는 조언도 하지 않을 텐데, 이유는 많은 분들이 스스로 이야기해 나가면서 답을 찾아가시기 때문입니다.

그리고, 상담을 마무리할 때 오늘 상담에 대해서 어떠셨는지 나누고 마치도록 하겠습니다.

위 예시는 제가 주로 상담을 할 때, 사용하는 언어를 그대로 옮긴 것입니다. 상담자들마다 추구하는 상담 이론이 있고, 이론에 따라 구조화 되어있는 상담의 회기를 진행하는 경우에는 그에 대한 설명이 추가적으로 필요할 것입니다. 다만, 초보 상담자이고 아직 어떤 이론을 택해야 할지를 모르는 경우라면, 저와 같이 해보시기를 추천 드립니다.

예시에서 상담자가 제일 먼저 안내한 부분은 바로 '시간'입니다. 시간을 미리 안내하는 이유는 내담자에게 정확한 정보를 전달하여, 명확함을 주기 위함도 있습니다만, 때때로 내담자들은 시간과 상관없이 오랜 시간 말을 이어가는 경우가 있습니다. 계속 이야기를 하고자 하는 내담자에게 안 된다고 하는 메시지를 전달하는 것은 내담자의 입장에서는 받아들이고 싶지 않은 일일 수 있습니다. 하지만, 상담을 시작하면서 시간에 대해 사전 고지를 했기 때문에 상담의 종결을 좀 더 쉽게 받아들일 수 있을 것입니다. 상담자의 입장에서도 약속된 것을 이행하는 것이기에 미안한 감정을 느끼지 않을 수 있습니다.

다음으로 안내하는 것은 상담의 핵심은 바로 '내담자의 이야기'라는 것입니다. 다시 말해 이 상담의 시간에서 다루어야 하는 내용은 바로 내담자에게서 나와야 한다는 것입니다. 그리고 상담자는 내담자가 자신의 이야기를 함에 있어서 최대한 안전하고 편안하게 할 수 있도록 돕고자 상담자의 자세를 설명하는 것입니다.

때때로 어떤 내담자들은 상담자에게 거의 전적으로 의존하는 상태인 경우가 있습니다. "그러면 이제 뭘 하면 되죠?"라고 물어보면서, 자신의 이야기를 자발적으로 꺼내기보다는 상담자에게 모든 것을 알아서 해주었으면 하는 식의 요청을 할 때가 있습니다. 그럴 때는 아래의 예시와 같이 다시 한 번 더 상담이라는 것이 어떻게 시작되는지에 대해 보다 상세한 설명을 해줄 필요가 있습니다.

예시

내담자: 그러면 이제 뭘 하면 되죠?
상담자: ○○○님, 상담이라는 것이 제가 무언가를 말씀드리는 것이 아니라, ○○○님의 이야기를 듣는 것이 주된 내용입니다. 그래서 ○○○님의 이야기를 들려주시면 좋겠습니다.

마지막으로 안내할 부분은 상담의 마무리를 어떻게 하느냐입니다. 상담이 어떠했는지에 대한 소감을 나누는 이유는 무엇일까요? 상담의 모든 시간은 내담자를 위한 것임을 언급했듯이, 소감을 나누는 이유 역시 내담자를 위해서입니다.

한 번은 저희 기관 직원 중 한 명이 역량 강화 교육을 듣고 온 일이 있었습니다. 교육이 어떠했는지를 이야기하는데 정말 교육이 좋았다기에 어떤 부분이 좋았는지를 물어보았습니다. 그러자, 강사가 마지막 시간에 그날 하루 종일 했던 교육 내용을 한 번 요약해서 정리를 해주는데, 그대로 머릿속에 정리가 되었다고 답하였습니다. 공감이 되었습니다. 펼쳐놓기만 하는 것이 아니라 다시 한 번 정리를 해야 그것이 체득이 될 수 있을 것입니다.

상담에서도 마찬가지입니다. 내담자가 자신의 이야기를 펼쳐놓기만 하는 것이 아니라 정리를 할 수 있는 시간과 기회를 주어야 합니다. 상담 진행 과정에서 내담자가 깨닫게 된 것, 새롭게 생각난 것 등을 스쳐 지나가지 않고, 한 번 더 되짚어 보고 정리를 하는 작업이 바로 피드백을 나누는 것입니다. 이러한 과정을 통해 내담자는 자기 역량을 보다 강화해 나갈 수 있게 됩니다.

동의서 작성

비단 상담만이 아니라 여러 업체에서 제공하는 어떤 서비스를 이용하고자 해도, 이용 동의서나 개인정보 동의서를 작성합니다. 각 업체마다 필요로 하는 서식은 다르겠지만, 이러한 과정은 공통적으로 필요하고, 상담 기관에서도 내담자들에게 상담 동의서 작성을 필요로 합니다. 동의서에는 인적사항의 작성과 서명을 비롯해서, 개인정보를 어떻게 다룰 것인지에 대한 방대한 내용이 들어 있습니다.

여기서의 핵심은 내담자가 피로감을 느끼지 않아야 한다는 것입니다.

동의서를 작성할 때, 내담자가 작성해야 할 내용이 너무 많거나, 개인정보와 관련해서 너무 설명이 길어지는 것은 바람직하지 않습니다. 이 과정을 매끄럽게 진행하기 위해서 우리가 은행에 방문했을 때를 떠올려 보면 좋을 것 같습니다. 은행 창구를 방문하게 되면, 은행원들은 고객들의 작성이 필요한 서류를 건넬 때, 그냥 주지 않습니다. 그 방대한 내용 속에서 정확하게 고객들이 작성해야 할 곳들을 형광펜으로 체크해서 줍니다. 그러면 그 외의 내용들을 일일이 보지 않아도 되고, 빠르게 처리를 할 수 있습니다.

상담에서도 이렇게 하면 좋겠습니다. 상담 약속을 잡는 과정에서 내담자에 대해 미리 파악된 내용들이 있다면, 그런 부분들은 미리 기입을 해두거나, 혹은 작성하지 않게 하는 것입니다. 그리고 상담자가 꼭 적어야 하는 부분들을 서식에 미리 체크를 해두는 것입니다. 그렇게 간단하게 동의서를 작성하고 상담으로 넘어간다면, 이 과정에서 내담자가 불필요한 피로감을 느끼지 않을 수 있을 것입니다.

4 상담의 진행 ② 듣기

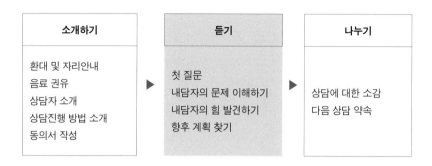

소개하기	듣기	나누기
환대 및 자리안내 음료 권유 상담자 소개 상담진행 방법 소개 동의서 작성	첫 질문 내담자의 문제 이해하기 내담자의 힘 발견하기 향후 계획 찾기	상담에 대한 소감 다음 상담 약속

'듣기'의 단계는 내담자의 문제를 탐색하기 위한 첫 질문을 시작으로 내담자의 문제를 충분히 이해하고, 내담자가 그 상황에서 견디고 있거나, 잘 대처해 온 그 힘을 발견하고, 이후의 계획을 모색해 보는 과정입니다. 듣기 단계에서 중요한 것은 향후 계획을 탐색하기에 앞서 내담자의 문제를 포화상태에 이를 정도로 충분히 다루고, 문제에 대처해 왔던 내담자의 힘을 마찬가지로 포화상태에 이를 정도로 충분히 다루어야 합니다. 상담 내용에서 아래의 그림과 같이 '문제의 포화', '대처의 포화'가 이루어져야만, 내담자가 향후 계획을 보다 잘 탐색할 수 있게 됩니다.

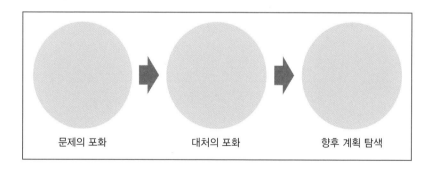

| 문제의 포화 | 대처의 포화 | 향후 계획 탐색 |

첫 질문

정말 많은 초보 상담자들이 내담자들과의 상담을 시작할 때, 어떠한 말부터 꺼내야 할지를 몰라 하는 경우를 보았습니다. 어색함을 감추지 못하고, 날씨 이야기를 나눈다거나, 식사에 대해서 묻는 다거나 등등 다소 부적절한 이야기들을 할 때가 종종 있습니다. 본격적으로 상담을 들어가기에 앞서 워밍업을 하는 차원에서 가벼운 안부를 나누는 것이 필요하다고 생각할 수 있습니다. 물론 워밍업은 필요하지만, 첫 상담에서 어색함을 없애고자 하는 목적으로 하는 피상적인 말들은 오히려 더 상황을 어색하게 만들 뿐입니다.

왜 어색하다고 느끼게 될까요? 어색하다는 말은 자연스럽지 못하다는 말입니다. 즉, 상담에서 어색해지는 것은 자연스럽지 못하기 때문에 발생되는 것입니다. 그러면, 첫 상담에서 어떠해야지 자연스러운 것일까요? 목적에 충실해야 합니다. 목적에 충실해지면 자연스러워 집니다.

우리가 몸이 아파 병원에 진료 보러 가서 아픈 것만 이야기하지 그 외에 나의 관심사가 무엇인지, 가족관계는 어떤지 등 관련 없는 이야기를 하지 않습니다. 마찬가지입니다. 상담에서도 내담자가 상담을 받으러 온 목적에 충실하여 그것을 질문하면 됩니다. 그러면, 어떻게 첫 질문을 시작할 수 있을까요? 아래 예시와 같이 첫 질문을 시작해 볼 수 있습니다.

예시

- 어떤 이야기를 나누면 좋을까요?
- 어떤 이야기부터 시작하면 좋을까요?
- 어떻게 ○○○○(상담기관)에 오시게 되셨어요?

이러한 첫 질문에서 무엇을 이야기해야 할지 내담자에게 묻는 것은 내담자의 일을 다루는 것이니 당연하다고 생각할 수 있지만, 상담자가 먼저 내용을 주도하지 않고, 내담자에게 물어본다는 점에서 의의가 있습니다. 상담이라는 제한된 시간 속에서 내담자 스스로 다루어야 할 이야기, 가장 필요한 이야기를 할 것이라는 믿음과 존중을 담고 있는 것입니다. 따라서 첫 상담에서 내담자에게 이러한 첫 질문의 의미를 깊이 생각하며, 질문하면 좋겠습니다.

내담자의 문제 이해하기

상담자가 첫 질문을 하고 나면, 내담자들은 자신이 처한 어려운 상황에 울음을 터뜨릴 수도 있습니다. 어디서부터 말해야 할지 모르겠다는 반응이 나올 수도 있으며, 문제가 어떻게 시작되었는지 아주 오래 전으로 거슬러 이야기를 하게 될 수도 있습니다. 어떠한 방식으로 이야기를 하던 상담자가 해야 할 것은 단 한 가지입니다. 내담자를 깊이 이해하는 것입니다.

어떻게 해야 내담자가 이야기하고 있는 문제를 깊이 이해할 수 있을까요? 사실 이것을 말로 설명하는 것은 너무나도 어려운 일입니다. 비유적으로 표현하자면, '내담자'라는 이름의 바다에 풍덩 뛰어드는 것이라 할 수 있습니다. 내담자라는 넓고 큰 바다에 상담자가 뛰어든다는 것입니다.

내담자를 깊이 이해하는 방법과 관련해서는 앞서 상담의 본질에서 상세하게 설명한 내용들이어서 여기서는 내담자를 잘 이해하며 듣고 있는지 점검할 수 있도록 4가지를 제시하였습니다. 일명 '사감'입니다.

잘 듣기 위한 체크리스트 '4감'

1	공감	내담자가 느끼는 것을 상담자도 똑같이 느끼고 있는가?
2	민감	내담자의 비언어적 의사소통을 인식하고 다루고 있는가?
3	따라감	내담자의 이야기가 그럴 것이라며 넘겨짚으며 앞서가고 있지 않는가?
4	빨려 들어감	내담자의 이야기에 빨려 들어갈 정도로 충분히 집중하고 있는가?

위에서 제시한 4가지 자세를 유지하면서 내담자의 이야기를 들을 때, 중요한 것은 '포화상태'에 이르는 것입니다. '포화상태'라고 하는 것은 내담자와 상담자 모두에게 해당되는 것입니다. 내담자에게서는 더 이상 이야기 나올 것이 없을 정도로 자신이 겪고 있는 어려움에 대해 충분히 털어놓는 것을 의미합니다. 그리고 상담자에게서는 내담자의 상황이나 감정에 대한 의구심이 없이 충분히 이해하는 것을 의미합니다.

아래 그림처럼 자전거에 비유를 하자면, 자전거가 앞으로 잘 나가기 위해서는 두 바퀴가 모두 바람이 가득 차 있어야 하겠죠? 어느 한 쪽이 바람이 빠져 있다면, 자전거는 균형을 잃은 채 넘어지기 쉬울 것입니다. 자전거의 두 바퀴처럼 내담자의 털어놓음도, 상담자의 이해함도 포화상태로 균형을 맞추어야, 상담은 잘 이어질 수 있습니다.

❶ 상담자와 내담자의 균형은 자전거의 두 바퀴와 같다.

내담자의 힘 발견하기

포화상태에 이를 때까지 내담자의 문제에 대해 충분히 다루었다면, 다음으로 확인을 해야 하는 일은 바로 내담자의 힘을 발견하는 것입니다. 이때, 기억해야 하는 것은 내담자가 지금 이 순간 모든 것을 포기하고 있지 않았다는 것입니다. 만약 모든 것을 포기한 상황이라고 한다면, 상담 자체가 진행이 되지 않았을 것입니다. 상담자는 아무리 내담자의 문제가 힘겨워 보여도, 그 속에서 내담자가 버티고, 견디고 있는 힘이 있음을 기억해야 합니다.

아래의 그림과 같이 내담자들의 마음속에 고통의 문제가 있다고 할 때, 고통이 마음을 가득 채우고 있지 않습니다. 고통이 더 이상 커지지 않도록 다음 도형 중앙의 두꺼운 선(대처하는 힘)과 같은 내담자의 힘이 작용하는 것입니다. 내담자의 고통을 충분히 다루었다면, 대처하는 힘이 무엇이며, 어느 정도인지를 파악하는 것이 필요합니다.

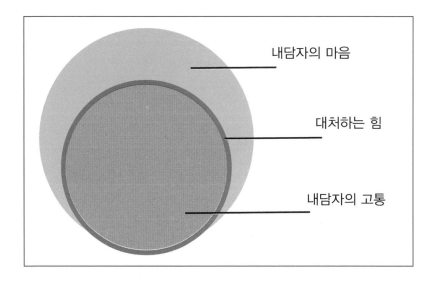

내담자의 마음

대처하는 힘

내담자의 고통

　이러한 내담자의 힘이 확연하게 드러나고 있는 상황들 중 하나가 바로 '자살위기'에 놓여 있는 사람들입니다. 스스로 목숨을 끊는 것을 생각할 정도로 힘겨운 사람들도 당장 그 순간에, 어떻게 극단적인 선택을 하지 않을 수 있는 것인지를 생각해 보면, 버티고, 견디는 힘이 있다는 것입니다.

예시

- 이렇게 힘든 상황이신데, 어떻게 버티셨어요?
- 이렇게 힘든 상황이신데, 어떻게 견디고 계세요?
- 어떻게 더 심해지지 않을 수 있으셨어요?
- 힘든 상황에서 나름대로 노력을 많이 하셨을 텐데, 어떤 것이 있으신가요?

　버티고 견디는 내담자의 힘을 확인하는 것 자체가 내담자 자신이 힘과 능력이 있다는 것을 인식하도록 돕기 때문에 문제를 해결해 가는 내담자의 역량을 강화시킬 수 있는 방법이 됩니다.

향후 계획 찾기

어려운 상황에서도 내담자가 나름대로 버티고, 견뎌 왔던 힘을 확인하고 다루었다면, 그러한 힘을 가진 내담자가 앞으로는 어떻게 대처를 해 나갈지를 찾는 과정입니다. 내담자의 의식 속에만 가지고 있을 수 있는 계획들을 상담자에게 이야기하는 과정에서 한 번 더 정리가 되거나 혹은 비현실적인 계획들이 조정이 되거나, 혹은 변화에 대한 의지가 더 강화될 수도 있습니다.

상담자는 내담자에게 아래와 같이 물어볼 수 있을 것입니다.

예시

- 앞으로는 어떻게 하실 계획이신가요?
- 이후에는 어떻게 하는 것이 좋을까요?
- 더 나아지기 위해 생각하고 계신 것이 있을까요?

---

⑤ 상담의 진행 ③ 나누기

'나누기'의 단계는 상담 시간 동안 다루었던 여러 내용을 정리하고, 상담에 대한 소회를 나누며, 다음 상담의 약속을 정하는 과정입니다.

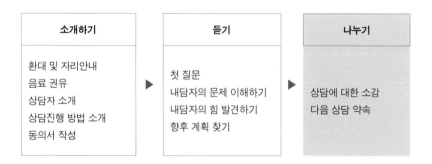

소개하기	듣기	나누기
환대 및 자리안내 음료 권유 상담자 소개 상담진행 방법 소개 동의서 작성	첫 질문 내담자의 문제 이해하기 내담자의 힘 발견하기 향후 계획 찾기	상담에 대한 소감 다음 상담 약속

상담에 대한 소감

앞서 상담의 오리엔테이션을 하는 과정에서 소감에 대한 내용을 다루었습니다. 추가적으로 내담자의 입장에서 소감을 나누는 것이 어떠한 의미가 있는지 살펴보겠습니다.

첫째로 소감을 나누는 과정은 내담자의 과열된 상태를 완화하도록 도와줍니다. 내담자는 매우 긴장된 상태로 생전 처음 상담실을 방문하여, 여태껏 누구에게도 하지 못한 이야기들을 털어놓았을 수 있습니다. 이러한 특별한 경험을 하는 과정에서 감정이 평상시와 달리 매우 격양되어 있을 수 있습니다. 특별한 경험 속에서 나온 특별한 생각과 감정들이 이제는 일상으로 가기 위한 준비 작업이 필요한 것이라 할 수 있습니다.

달리는 자동차를 예로 들어본다면, 시속 100km를 달리던 자동차가

완전히 멈추는 데까지 걸리는 시간이 10초인 것과 1초인 것을 비교한다면, 그 충격이 어떨까요? 1초 만에 차가 멈추는 상황은 거의 사고가 나는 상황과 마찬가지일 것이고, 탑승자는 심한 부상을 입을 가능성이 있을 것입니다.

상담에서 소감을 나누는 과정은 시속 100km를 달리는 자동차에 천천히 브레이크를 밟는 과정이라 생각할 수 있습니다. 자동차의 탑승자가 충격이 가해지지 않도록 천천히 부드럽게 멈추듯, 상담에 대한 피드백을 나눌 때, 내담자의 마음도 안정화될 수 있습니다.

둘째로, 소감을 나누는 과정은 자기 자신에 대한 정리를 하는 것이라 할 수 있습니다. 옷장을 정리하는 것을 예로 들어보겠습니다. 옷이 뒤죽박죽 아무렇게나 들어가 있는 옷장을 정리할 때, 옷을 모두 꺼내 놓습니다. 그리고, 꺼내 놓은 옷들을 종류별로, 계절별로 분류를 하고 다시 집어넣습니다.

이처럼 소감을 나누는 과정이 바로 옷장에 옷을 집어넣는 과정이라고 할 수 있습니다. 상담을 하면서 뒤죽박죽 쌓여 있던 여러 가지 생각과 감정들을 꺼내 놓고, 본격적인 상담의 과정에서 생각과 감정들이 정리가 되었을 것입니다. 정리는 되었지만, 아직 미처 옷장에는 넣지 않은 상태이죠. 정리를 마무리하기 위해서는 옷장에 집어넣어야 하는데, 소감이 바로 그러한 기능을 합니다.

옷장의 옷을 언제 어디에 있는지 찾기 쉽도록 정리를 해두듯, 소감을 통해서 내가 했던 말이나 감정, 나의 상태 등을 정리해 볼 수 있게 도와줍니다. 면담을 마무리하는 과정에서 아래와 같이 질문을 할 수 있습니다.

다음 상담 약속

내담자에 따라, 문제의 특성에 따라 1회기 상담으로 끝이 나는 경우도 있고, 지속적으로 상담이 이어질 수도 있습니다. 어떤 경우가 상담을 일회성으로 해야 하며, 어떤 경우가 상담을 지속적으로 해야 하는지 명확한 기준을 제시하기는 어렵습니다. 내담자가 지속적 상담을 필요로 하지 않을 수도 있고, 때로는 상담자가 종결을 권유해야 하는 상황이 있을 수도 있습니다.

칼로 무 자르듯, 이렇다 저렇다 말하기는 어렵지만, 판단의 기준이 될 수 있는 것 중 하나가 바로 '역동성'입니다. 상담은 기본적으로 역동적 과정임을 앞서 설명하였는데, 역동성이 떨어졌음을 알 수 있는 증거는 바로 '긴장감'이 없다는 것입니다. 내담자의 자기통찰에서의 역동성이 떨어진 채, 긴장감 없이 내담자가 더 이상 무엇을 말해야 할지도 몰라 하거나, 해도 그만, 안 해도 그만인 말을 하고 있는 상황이 나타날 수 있습니다. 그런 상황이라면, 비록 내담자가 상담 종결을 이야기하지 않더라도 상담자는 내담자에게 상담의 종결에 대해 권유해야 합니다. 이때 주의할 점은 통보가 아닌 '권유'라는 점입니다.

내담자가 종결에 대해 걱정이나 두려움이 있을 수 있고, 종결에 미처 준비되어 있지 않을 수 있습니다. 그럴 때, 종결과 관련하여 내담자와 충분한 대화를 나누고 상호 합의하에 종결의 시점을 정하는 것이 필요합니다. 내담자가 종결에 대한 주제를 먼저 꺼낼 때, 아래와 같이 이야기할 수 있습니다.

> ○○○님, 그동안 저희가 00문제에 대해 충분히 이야기를 나눈 것 같습니다. 그래서 이즈음에서 상담을 마치고, 또 지내시다가 어려움이 생기면 다시 상담을 하면 좋을 것 같습니다. 어떠신가요?

여전히 역동적인 상담이 진행되고 있고 지속적으로 상담이 필요한 경우라고 판단된다면, 상담자는 내담자에게 적극적인 상담의 의지를 보여야 합니다. 물론 지속적으로 상담을 하는 것 역시도 내담자의 선택이겠지만, 상담자가 지속 상담에 대해 해도 그만, 안 해도 그만인 식의 태도가 나온다면, 내담자 역시도 상담에 대한 의지가 꺾일 수 있습니다. 내담자의 입장에서 '아, 이 상담자는 내 이야기를 정말로 궁금해 하는구나, 나에게 정말로 관심이 있구나'라고 느낄 수 있는 적극적인 반응이 필요합니다.

> **상담자 A:** 이후에 상담을 이어가시면 좋을까요? 여기서 마치는 것이 좋을까요?
>
> **상담자 B:** 이후에도 상담을 이어가면 좋을 것 같은데, 어떠신가요? 시간은 언제가 괜찮으신가요?

위 예시에서 상담자 A와 상담자 B의 온도 차이가 느껴지나요? 상담의 구체적인 상황이 어떠한지, 내담자의 특성이 어떠한 지에 따라 다를 수 있지만, 기본적으로 상담자 또한 내담자를 알고 싶어 하고, 만나고 싶어 하는 의지가 공유 되어야 내담자와의 성공적인 면담이 이어질 수 있습니다.

⑥ 상담의 실제: 상담 시간, 상담 회기, 상담 간격, 상담 과정에서의 기록, 상담 기록

실제로 초보 상담자가 상담을 하게 될 때, 아래와 같은 고민이 들 수 있습니다.

- 상담의 시간을 어느 정도를 해야 적당할지,
- 상담의 회기는 몇 회기를 해야 할지,
- 상담 회기 사이의 간격은 어느 정도가 적당할지,
- 상담을 하는 중에 기록을 해도 될지,
- 상담을 마치고 나서는 어떻게 기록을 해야 할지.

상담 시간

사실 상담의 시간을 명확하게 정하는 것은 어려운 일입니다. 다만, 시간을 정할 때 고려할 수 있는 부분은 바로 '얼마나 오랜 시간 집중할 수 있는가'입니다. 상담은 내담자의 자기탐색을 위한 역동적인 과정이며, 그러한 탐색을 위해 엄청난 에너지를 필요로 하는 일입니다. 따라서, 집중하며 에너지를 쏟는 것에 2~3시간 이상 지속한다는 것은 매우 어려운 일입니다.

상담의 적정 시간을 위해 학교 수업을 생각해 보면 좋을 것 같습니다. 초등학생의 수업 시간은 40분 정도, 중·고등학생 수업의 경우는 50분 정도, 대학생 수업의 경우는 90분을 넘어서 까지 이어지기도 합니다. 사람마다 또 연령에 따라 집중을 지속할 수 있는 시간이 다르다는 의미입니다. 하지만, 평균적으로 1시간 정도를 집중해서 수업할 수 있는 시간으로 볼 수 있을 것입니다. 마찬가지로 상담 시간 역시 집중도를 발휘할 수 있는 것을 고려하여 50분~1시간 정도로 생각해두면 좋을 것 같습니다.

때때로 아주 깊이 있는 문제가 뒤늦게 다루어지거나, 내담자의 감정이 많이 고조되어 있는 등 1시간을 초과하는 상황이 발생될 수도 있으며, 반대로 내담자가 상담 과정 중 빠른 진전을 보이면서 30분 안에 상담이 종료될 수도 있습니다. 이처럼 상담에서의 여러 상황적인 변수를 고려해서 융통성을 가질 필요는 있을 것입니다.

상담 회기

상담 회기의 결정은 우선 상담자가 어떠한 상담 이론을 적용하는지에 따라 달라질 수 있습니다. 예를 들어 어떠한 이론을 바탕으로 상담이 잘 구조화되어 있어서, 회기별로 다루는 내용들이 정해져 있다면, 그 회기를 잘 맞추어 가는 것이 상담 이론에서 목적하는 바를 이룰 수 있는 방법일 것입니다.

그런데 만약, 아직 내가 추구하는 상담 이론이 없다거나, 구조화되지 않은 접근을 선호하는 경우라면, 억지로 회기를 정해둘 필요는 없습니다. 다만, 이때 상담자는 어떠한 상황에서 상담을 종결해야 하는지의 기준은 반드시 가지고 있어야 합니다.

상담 종결의 기준으로 고려할 수 있는 것은 '의지'와 '역동성'입니다. 의지는 쉽게 말해 내담자가 지속적으로 상담을 원하는지의 여부입니다. 내담자가 원하지 않는데, 상담자가 원한다고 해서 상담을 지속적으로 이어갈 수는 없는 노릇입니다. 내담자의 의지가 없다면, 상담은 종결되어야 마땅합니다.

'역동성'은 내담자의 자기 탐색의 역동성을 뜻합니다. 내담자가 표면적으로는 상담에 대한 의지를 보이면서도, 실질적으로는 자기 탐색이 이루어지지 않거나, 이미 충분한 탐색이 이루어져서 굳이 상담자와 다루지 않아도 되는 상황이 있을 수 있습니다. 그런 상황에서의 상담은 긴장감이 없고, 무미건조하다는 특징을 보일 수 있습니다. 이런 특징을 보인다면 상담은 종결되어야 합니다.

5회기를 하고, 10회기를 했는데도 여전히 내담자의 자기 탐색과 저항의 과정이 나타나고 있고, 앞으로도 더 탐색해 나가야 할 정도의 긴장감과 역동성이 나타나는 경우가 있을 수 있습니다. 그러한 경우라면, 지속적으로 상담을 이어가야 되겠지만, 내담자가 상담 관계를 지나치게 의존하고 있는 것은 아닌지 점검이 필요합니다.

상담 회기 간격

상담 회기의 간격은 어느 정도가 적당할까요? 이 역시도 명확한 기준을 이야기하기는 어렵습니다. 다만, 상담 회기의 간격이 무엇을 의미하는지를 이해하는 것이 필요합니다. 상담을 마치고, 다음 상담이 있기까지의 그 시간이 내담자에게 어떠한 의미가 있을까요?

때때로 내담자들에게 상담은 아주 생소한 경험일 수 있습니다. 그리고 자신에 대한 이야기를 털어놓았다는 것이 가지는 의미가 매우 다양하게 나타날 수 있습니다. 이러한 부분에 대해 내담자 스스로 충분히 생각해 보고, 정리하고, 받아들일 수 있는 시간이 필요합니다. 이러한 시간을 통해서 내담자는 자기 자신에 대한 통찰에 더 다가갈 수 있기 때문에, 상담 회기의 간격은 매우 중요한 시간이라 할 수 있습니다.

결국 내담자는 상담을 종결해야 하고, 상담자를 떠나 내담자 스스로 자신의 문제에 자신만의 방법으로 대처하며 살아갈 수 있어야 합니다. 이러한 측면에서도 상담회기의 간격은 내담자가 주도적인 삶을 살도록 하는 하나의 연습이 될 수 있습니다. 그리고 일상을 살아가면서 마주치는 다양한 문제들에 대한 경험과 그에 대한 통찰을 다루기 위해 대략 1주 혹은 2주의 간격을 두고 내담자와 만난다면 좋을 것입니다. 너무 타이트하지도 않고, 너무 긴장감이 떨어지지도 않는 수준을 유지하면서 상담의 간격을 내담자와 논의하여 정하면 좋을 것입니다.

상담 과정에서의 기록

상담 중 기록을 해도 되는지에 대해서는 여러 상담자들마다 의견이 다를 수 있을 것 같습니다. 어떤 상담자는 그것이 내담자를 이해하는 것에 도움이 된다고 말할 수도 있으며, 또 반대의 경우도 있을 수 있습니다. 어느 쪽이든 중요한 것은 내담자를 잘 이해하는 것에 도움이 되는 지입니다. 저의 경우는 상담 중 기록을 하는 것에 반대하는 입장에 있기 때문에 여기서는 기록을 하는 것이 어떻게 도움이 되지 않는지 저의 개인적인 견해를 이야기하고자 합니다.

내담자의 고통과 어려움에 대해 듣는 과정에서 상담자가 중요한 부분이라 생각을 하고 기록을 합니다. 그런데 여기서 상담자는 기록하는 그 내용에 집중을 하지만, 내담자는 상담자가 기록을 하고 있는 그 순간에도 이야기를 이어가고 있다는 사실이 중요합니다. 즉, 이야기의 흐름상으로 내담자는 이미 지나간 과거의 것을 상담자가 붙들고 있다는 것입니다. 그로 인해 상담자는 내담자의 현재 이야기에 대한 집중도는 떨어질 수밖에 없습니다. 특히나 내담자의 표정, 행동 등 비언어적인 것에 대한 주의 집중은 더욱 떨어지기 쉽습니다.

아래의 그림과 같이 내담자는 이야기를 계속해 나가지만, 상담자는 기록을 하는 그 순간에 이야기의 흐름상 과거에 붙들려 있게 됩니다. 내담자가 상담자의 기록을 기다려주는 것이 아니라 계속 이야기를 이어가기 때문에 간극이 발생됩니다. 그 간극만큼 상담자는 내담자에 대한 집중이 떨어지고, 내담자에 대한 언어적, 비언어적인 정보를 놓치게 됩니다.

이러한 반론이 있을 수 있습니다. 내용을 다 기록하는 것이 아니라 중요한 부분만 짧은 단어로 1~2초에 기록하는데, 놓치게 되는 정보가 그리 많지 않을 것이라고 말할 수 있습니다. 하지만, 이러한 기록이 반복되면, 반복되는 만큼 간극의 총합은 커지고, 그 커진 간극만큼 놓치는 정보의 양도 커지게 됩니다. 상담자는 내담자를 이해함에 있어 자신이 기록한 그 기록에 의존하게 됩니다. 기록에 의존한 이해는 내담자에 대한 보다 더 온전한 이해를 방해하게 될 수 있습니다.

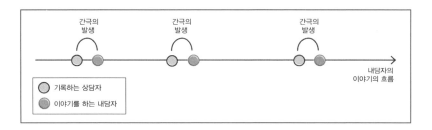

영화 보는 것을 예로 들어 본다면, 영화를 볼 때, 하나하나 기록해 가면서 보지 않아도 영화의 줄거리를 충분히 이해하고 주인공의 역경과 극복 과정을 잘 이해하는 것과 마찬가지입니다. 기록하려 애쓰는 것보다, 이야기하는 그 순간에 더 집중, 몰입하려 애쓰는 것이 내담자에 대한 온전한 이해에 가깝게 다가갈 수 있습니다.

상담 기록

상담 내용을 기록하는 것이 중요한 이유는 상담자가 여러 다양한 내담자들을 만날 수 있는데, 그 다양한 내담자들의 여러 가지 상황을 기억한다는 것은 불가능하기 때문입니다. 그래서 상담 기록을 하는 이유는 **내담자에 대해 잘 기억하기 위해서이기보다는 상담자가 잘 잊기 위해서 하는 것입니다.** 기억하려 애쓰지 않아도 다음에 내가 기록해둔 상담 기록을 다시 봤을 때, 내담자에 대해 잘 이해할 수 있을 정도가 되어야 합니다. 이렇게 기록하고 잊어버림으로써 상담자는 또 다른 내담자에게 보다 더 온전히 집중할 수 있는 것입니다.

기록의 방식은 다양합니다. 전체 과정을 기록하거나, 요약해서 기록하는 등 여러 가지 방법이 있을 수 있는데, 상담자가 속해 있는 기관의 방침을 따라 기록하는 것이 필요합니다. 여기서는 보편적으로도 많이 사용하고, 저역시도 사용하고 있는 기록방식인 SOAP 양식을 소개하려고 합니다.

S(Subjective information)는 주관적인 정보로 클라이언트가 어떻게 느끼고, 인식하는지를 알 수 있는 정보이기에 클라이언트의 진술 그대로를 기록합니다.

O(Objective information)는 객관적인 정보로 내담자가 처해 있는 경제적, 신체적, 의료적 등등의 객관적 사실들을 기록합니다.

A(Assessment)는 사정으로 주관적 정보와 객관적 정보를 바탕으로 상담자가 생각하는 내담자의 핵심 문제가 무엇일지를 정리하여 기록합니다.

P(Plan)는 계획으로 향후 상담에서 다루어야 할 내용이나 취해야 할 구체적 행동 계획들을 작성합니다.

기록의 예시

S "너무 힘들어요. 이게 사람 사는 거예요? 누가 이런 집에 살겠어요. 근데 더 힘든 건 아무도 저를 찾아오지 않는다는 거예요."

O 내담자는 1년 전 사업 실패로 경제적 어려움을 겪고 있으며, 노후된 다세대 주택에서 월세 15만 원을 내고 있음. 2주 전 기초생활수급자로 선정되었음. 사회적 활동 없이 대부분의 일과를 집에서 TV를 보며 지내고 있음.

A 경제적 어려움이 있지만, 기초생활수급자 선정으로 향후 생계급여를 지급받게 되면, 경제적 문제는 개선될 것으로 보임. 경제적 문제보다도 내담자의 더 우선되는 욕구는 '고립'으로 인한 외로움으로 보임.

P 1주 뒤 있을 상담에서 내담자의 대인 관계와 사회적 활동에 대해 탐색해 보며, 이러한 부분들이 확장될 수 있을지 확인해 볼 것임.

상담 사례 슈퍼비전

04

돌다리도 두들겨 보고 건너라

제가 좋아하는 속담 중 '돌다리도 두들겨 보고 건너라'라는 속담이 있습니다. 우리가 다리를 건너는 상황에 놓여 있다고 할 때, 옆 사람이 '저건 돌다리니까 안심하고 건너도 돼요'라고 말을 건넵니다. 그럴 때, 그 말을 곧이곧대로 듣고 바로 다리를 건너는 사람이 있는 반면, 그 말이 맞는지 안 맞는지 확인을 하고 건너는 사람이 있습니다.

돌다리를 확인하려 들면, 바로 돌다리를 건너는 사람에 비해 훨씬 더 시간이 많이 걸립니다. 하지만, 돌다리를 확인하고 건넌 사람은 이 다리가 왜 안전한지 훨씬 더 잘 이해할 수 있고, 또 다른 사람에게도 설명할 수 있습니다. 이처럼 초보 상담자가 숙련된 상담자로 성장하기 위해서는 돌다리를 두들겨 보는 작업이 필수적이라 할 수 있습니다.

그런데, 이때 돌다리가 너무 많은데, 그 수많은 돌다리들을 하나하나 일일이 확인하면서 가는 것과 대략의 방향이 정해져서 정해진 범위 내에서 돌다리들을 확인하며 가는 것은 큰 차이가 있습니다. 이러한 맥락에서 슈퍼비전은 방향을 잡아주는 역할을 한다고 할 수 있습니다. 기본적으로 상담자는 직접 부딪혀 가며 배워야 하겠지만, 슈퍼비전을 통해 그 시간을 조금이나마 단축시킬 수 있는 것입니다.

슈퍼비전에 대한 사전적 정의(표준국어대사전)를 살펴보면, '사회 복지

기관의 종사자가 업무를 수행하는 데에 지식과 기능을 최대로 활용하고 그 능력을 향상시켜 효과를 높이기 위하여 원조와 지도를 행하는 일'로 기록되어 있습니다. 다시 말하면, 숙련된 상담자가 초보 상담자의 역량을 높이기 위해 하는 훈련이나 지도의 과정을 포괄적으로 지칭하는 것이라 할 수 있습니다. 보통 슈퍼비전을 제공하는 숙련된 상담자를 '슈퍼바이저'로, 슈퍼비전을 받는 초보 상담자를 '슈퍼바이지'라고 부릅니다.

슈퍼비전에서 중요한 점은 슈퍼바이저의 해설이 있기 전에 슈퍼바이지의 충분한 셀프 슈퍼비전이 있어야 한다는 점입니다. 이는 우리가 근력 운동을 할 때, 헬스 트레이너들이 돕는 것과 비슷합니다. 30kg의 바벨을 15회 드는 것을 목표로 할 때, 초보자가 현재 근력 상태로 할 수 있는 것이 13회 정도라고 하면, 나머지 2회를 할 때, 트레이너가 살짝 들어주면서 도와줍니다. 그러니까, 초보자가 할 수 있는 최대한의 수행을 하도록 도우면서 점차 근력을 강화해 나가는 것입니다.

상담 슈퍼비전도 마찬가지입니다. 초보 상담자가 사례를 보면서 충분히 생각해 보고, 무엇을 달리해야 할지를 파악해 본 다음에 슈퍼바이저의 슈퍼비전을 비교해 볼 때, 보다 더 상담의 역량이 성장해 나갈 수 있습니다. 이번 챕터에서 나오는 여러 사례들은 실제 상담 사례들에 대한 각색을 거친 것으로, 초보 상담자들이 실수하기 쉬운 사례들과 그에 대한 슈퍼비전을 정리하였습니다. 그래서 이 장을 읽을 때, 실제로 슈퍼비전을 받는다는 생각으로 아래의 지침에 따라 읽어 가시면 좋을 것 같습니다.

1. <슈퍼비전>을 읽기 전에 사례를 충분히 읽어 봅니다. 특히 상담자의 질문이나 반응을 주의 깊게 읽어 봅니다.
2. 상담자의 질문이나 반응이 부적절하다고 생각되는 부분과 그 이유를 생각해 봅니다.

3. 상담자의 부적절한 질문이나 반응 대신 적절한 방식으로 무엇을, 어떻게 달리할 수 있을지를 생각해 봅니다.
4. <슈퍼비전>을 읽을 때, 나의 생각과 비교하며 읽어 봅니다.

상담자의 적극성

사례

상담자: 네. 감사합니다. ○○○○○○(상담기관)입니다~
내담자: 안녕하세요.
상담자: 네~
내담자: 저기... 뭐 좀 물어보려고 전화를 했는데요... 제가 성격에 문제가 좀 있는 것 같은데 힘든 거를 말도 잘 못하고... 그래서 사람들은 다 괜찮은 줄 아는데... 저는 힘들거든요...
상담자: 아... 그러시군요... 그러면, 그런 어려운 부분들에 대해서도 상담하실 수 있으니 생각해 보시고 상담하고 싶으시면 전화 주세요.
내담자: 음... 네... 알겠습니다...

초보 상담자의 생각

• 위 사례에 대한 나의 생각은?

_____

_____

• 내가 만약 상담자라면?

_____

_____

▼ 슈퍼비전

위 사례에서 내담자는 상담을 받기 위해 다시 연락을 했을까요? 아마 하지 않았을 것 같습니다. 사례에서 드러난 상담자의 태도는 상담에 대한 의지가 있는지 의구심이 느껴집니다. 상담은 일방적인 것이 아니라 쌍방향적인 것이기에, 내담자의 의지뿐만 아니라 상담자의 의지 또한 중요합니다. 내담자가 잘 알지 못하는 상담기관에 전화를 한 것만으로도 엄청난 의지와 용기를 발휘한 것이기에, 상담자는 이에 적극적으로 대응하면서 내담자와의 상담이 이어질 수 있도록 노력해야 합니다.

> **내담자:** 저기... 뭐 좀 물어보려고 전화를 했는데요... 제가 성격에 문제가 좀 있는 것 같은데 힘든 거를 말도 잘 못하고... 그래서 사람들은 다 괜찮은 줄 아는데... 저는 힘들거든요...
>
> **상담자:** 아... 그러셨군요... 전화 잘 주셨습니다. 만나서 구체적으로 상담을 해 보면 좋을 것 같습니다. 언제 시간이 괜찮으신가요?

위와 같이 상담자가 적극적인 대응을 한다면, 내담자가 좀 더 마음 편하게 상담자와의 만남에 응할 수 있을 것입니다.

> **★★★ 생각해 보기!**
>
> 내담자가 귀찮다고 느껴질 때가 있었는가?
> 상담 문의 전화를 안 받고 싶을 때가 있었는지?, 그럴 때 나는 어떤 상태였는가?

상담 오리엔테이션

사례

상담자: 안녕하세요.

내담자: 네. 안녕하세요.

상담자: 와 주셔서 감사합니다. 먼저 상담이 어떻게 진행될지 안내 드릴게요. 상담은 1시간 정도 진행이 되고, 4번까지 이용하실 수 있으세요. 그리고 상담을 통해서 스스로에게 잊고 있었던 점이나 자신의 감정에 대해 알아가는 시간이지만, 현재 해결하고 싶은 문제에 대한 답을 기대한다면 어려울 수 있으니 알아두시길 바랍니다.

초보 상담자의 생각

• 위 사례에 대한 나의 생각은?

_____

_____

• 내가 만약 상담자라면?

_____

_____

▼ 슈퍼비전

위 사례는 상담의 초기 단계에서 상담이 어떻게 이루어질지에 대한 안내를 하는 장면입니다. 여기에서 상담자의 안내 중 내용 면에서는 틀린 말을 한 것이 없고, 크게 문제가 될 것이 없습니다. 하지만, 내용을 전달하는 방식에서 아쉬운 부분이 있습니다. 혹시 어느 부분인지 찾으셨나요?

상담자의 가장 마지막 말, '현재 해결하고 싶은 문제에 대한 답을 기대한다면 어려울 수 있으니 알아두시길 바랍니다'입니다. 이 상담자는 상담이 답을 내려주는 것이 아니라는 것을 과도하게 의식, 집중하고 있는 것처럼 보입니다. 어쩌면 이전에 해결책을 요구하는 내담자들을 많이 만나 왔기 때문일 수도 있겠지요?

현재 내담자는 자신의 문제나 그에 대한 해결과 관련된 이야기뿐만 아니라 내담자의 이야기 자체를 전혀 시작하지 않은 상황입니다. 그런데 상담자는 마치 내담자가 문제 해결책을 요구할 것이라는 것을 미리 가정하고, 또 그것은 안 된다는 부정적인 메시지를 전달하고 있습니다. 이것이 문제가 되는 것에 대해 좀 더 구체적으로 살펴보겠습니다.

첫째로, 내담자에 대한 편견이 문제입니다. 상담자가 설사 과거에 문제 해결을 요구하는 내담자를 많이 만났다 하더라도, 현재 상담자 앞에 있는 내담자는 전혀 다른 사람입니다. 내담자 입장에서는 원하지도 않았던 것을, 상담자 혼자서 주네, 마네 하는 것과 마찬가지입니다. 상담의 경험이 쌓여갈 때, 비슷한 상황의 내담자들을 만나게 될 수 있습니다. 그때 '이 사람도 이럴 것이다'라고 하는 판단이나 선입견을 갖게 되는 것을 특히 경계해야 합니다.

두 번째로는 상담의 안내에 긍정적인 메시지를 보내는 것이 좋습니다. '안 됩니다'라고 하는 말 자체가 가지는 의미는 '거절'입니다. 그리고 그것이 궁극적으로 어떠하든, 그 자체로는 부정적 의미입니다. 그래서 상담을 안내하는 초기, 그것도 내담자와 긍정적인 관계를 형성해 가야 할 시점에 부정적인 의미의 전달을 최소화하는 것이 좋습니다.

> **상담자:** '이렇게 혹은 저렇게 해야 된다'라는 조언도 하지 않을 텐데, 이유는 스스로 이야기해 나가면서 답을 찾아가시기 때문입니다.

위의 상담 안내의 경우에는 조언을 하지 않는 것에 대해서 '내담자에게 안 된다'가 아니라 '상담자가 하지 않는다'입니다. 두 말을 비교해 보면 큰 차이가 있죠? 같은 의미의 말도 내담자에게 부정적이지 않게, 긍정적인 의미로 전달하는 것이 중요합니다.

★★★ 생각해 보기!

나는 상담 전 내담자에게 충분한 안내를 하고 있는가?
내가 내담자에게 가지고 있는 고정관념은 무엇이 있는가?

상담의 한계

사례

상담자: 안녕하세요~
내담자: 네~
상담자: 어떻게 지내고 계세요?
내담자: 별로 안 좋아요... 사실은 어제도 전화할까, 말까 계속 고민했어요. 너무 자주 전화하는 것 같아서 죄송해서요.
상담자: 아닙니다. 언제든지 연락하셔서 얘기 나누셔도 됩니다.

▼ 슈퍼비전

위 사례에서 초보 상담자는 한계가 고지되지 않은 과도한 친절을 보이고 있습니다. 상담자의 답변 '언제든지 연락하셔서 얘기 나누셔도 됩니다'가 문제입니다. 정말 그럴까요? 언제든지 연락해도 될까요? 위 사례의 내담자는 전화를 여러 차례 하고 싶었던 것으로 보입니다. 그런 내담자에게 언제든지 연락하라는 메시지가 전달될 때, 만약 내담자가 그것을 긍정적으로 받아들이고 자주 연락을 하게 되면 어떤 일이 발생될까요?

처음 몇 차례는 상담자가 내담자의 잦은 전화를 친절하게 받아들일 수 있을 것입니다. 하지만, 이러한 상태가 지속되기 시작하면, 상담자도 부담을 느끼고, 내담자의 전화를 기피하는 상황이 발생할 수 있습니다. 상담자가 전화를 기피하거나, 혹은 내담자에게 부정적인 반응을 보인다면, 내담자는 '언제든지 연락하라면서요'라며 불만을 제시하는 상황으로 이어질 수 있습니다.

상담자는 내담자에게 친절해야 한다는 생각에 대수롭지 않게 한 말이겠지만, 실제로는 무책임한 말인 것입니다. 상담자가 내담자에게 실망을 주지 않기 위해 혹은 긍정적인 답변을 주기 위해 실제로 할 수 없는 것을 할 수 있는 것처럼 이야기해서는 안 됩니다. 겉으로는 친절해 보이지만, 실제로는 무책임에 가까운 이런 과도한 친절은 주로 상담의 초기에 내담자와 상담자 간 관계가 형성되는 시점에 나타날 수 있습니다. 그래서 상담자 스스로도 의식하지 못한 채 이런 말들을 내뱉을 수 있는 것에 주의할 필요가 있습니다.

★★★ 생각해 보기!

내가 내담자에게 나쁘게 보이고 싶지 않아서 했던 말이나 행동이 있는가?
그때의 내 말과 행동은 실현가능한 것인가? 지속가능한 것인가?

변화에 대한 탐색

사례 1

상담자: 지난번에 운동을 한 번 해봐야겠다고 말씀하셨었는데, 어떠셨어요?

내담자: 운동하는 거 사실, 억지로 하는 게 힘들긴 했는데... 하고 나니까 뿌듯하기는 하더라고요.

상담자: 뿌듯한 감정을 잘 기억하시고 계속 이어가시면 좋겠네요.

상담자: 정신과 병원 가는 것, 이상한 사람처럼 보일까 봐 어려워하셨잖아요.
이번에는 병원 가보셨어요?

내담자: 네. 지난주에 한 번 다녀왔습니다. 약도 타가지고 와서 지금 먹어 보고
있습니다.

상담자: 와~! 병원에 가보려고 용기 내신 것 너무 잘 하셨어요. 정말~

내담자: 네 감사합니다.

상담자: 앞으로도 계속 꾸준히 다니시면 좋겠어요.

초보 상담자의 생각

- 위 사례에 대한 나의 생각은?

_____

_____

- 내가 만약 상담자라면?

_____

_____

▼ 슈퍼비전

위 2가지 사례에서 공통적으로 '문제'라고 부를 정도는 아니지만, 상담
자의 반응에서 아쉽게 느껴지는 대목들이 있습니다. 혹시 눈치채셨나요?

위의 사례 모두에서 내담자들은 보다 나아지기 위해 이전에는 하지
않았던 적극적인 행동을 취했습니다. 사람이 누구나 그렇지만, 이전에
하지 않았던 것을 새롭게 한다는 것 자체는 엄청난 에너지를 필요로 하
는 일입니다. 그렇기에 내담자들은 충분히 칭찬을 받아 마땅합니다. 그

리고 상담자들도 위 사례에서 내담자를 지지해주고, 칭찬을 건네기도 했습니다.

그렇지만, 아쉬운 점은 내담자의 변화에 대한 깊이 있는 탐색이 되지 않은 점입니다. 엄청난 에너지를 필요로 한 그 일을 할 수 있었던 계기가 무엇인지, 어떻게 그 일을 할 수 있었는지에 대한 탐색이 필요합니다. 변화를 위한 적극적 행동에 대한 계기를 내담자 스스로도 알고, 그것이 무엇으로부터 비롯되었는지 정리가 되어 있어야만, 이후에도 내담자는 변화를 위한 적극적 행동을 이어갈 가능성이 확대되기 때문입니다.

그래서, 내담자의 긍정적인 적극적 행동에 대해 칭찬과 탐색을 동시에 하는 방법을 소개하자면, 바로 "어떻게"입니다. 위 사례들의 경우를 적용해 본다면, 아래와 같이 물어볼 수 있습니다.

〈사례 1〉 "억지로 하는 게 힘들었는데, 어떻게 하실 수 있으셨어요?"
〈사례 2〉 "병원 가는 것 힘들어하셨는데, 어떻게 갈 용기를 내셨어요?"

이를 달리 말하면, 간접 칭찬이라 할 수 있습니다. 직접적인 칭찬도 좋지만, 직접적인 칭찬의 경우, 자칫 칭찬을 하는 사람도 받는 사람도 감정의 주고받음을 어색하게 혹은 부담스럽게 느낄 수 있습니다. 따라서 자연스럽게 칭찬의 메시지를 주면서도 성공 경험을 탐색하게 하는 간접 칭찬의 질문을 하는 것이 도움이 됩니다.

★★★ 생각해 보기!
나는 내담자의 변화에 충분히 민감한가? 또 알고 싶어 하는가?

사례

내담자: 저는 뭔가를 해주는 것을 좋아하거든요. 그래서 가끔씩 퇴근하면서 뭔가 사오고 그러는데... 아내가 말로는 고맙다고는 하는데, 뭔가 정말 고마워하는 것 같지는 않다는 거예요... 아내가 잘 표현 못하기는 하지만요...

상담자: 아내분과 그 부분에 대해 이야기해 보셨어요?

내담자: 네... 물어봤는데... 아내는 자기가 감정 표현이 서툴러서 그렇다고 해요. 뭘 사오면, 많이 기뻐했으면 좋겠는데... 그런 게 없으니까... 서운한 것 같아요.

상담자: 남편분 입장도 이해가 가요... 그리고 지금의 상황은 누가 해결해줄 수 있는 문제가 아니라서... 참 어렵네요...

초보 상담자의 생각

• 위 사례에 대한 나의 생각은?

_____

_____

• 내가 만약 상담자라면?

_____

_____

▼ 슈퍼비전

위 사례에서 내담자는 배우자와의 관계에서 어려움을 겪고 있는 것으로 보입니다. 그리고 상담자는 첫 번째 질문('그 부분을 이야기해 보았는지')에서 배우자와의 대화 내용을 구체적으로 탐색하는 부분은 좋았습니다. 하지만, 이어지는 내담자의 대답에 대한 상담자의 반응은 다소 부적절해 보입니다. 왜 그럴까요?

위 사례에서 상담자는 내담자의 문제를 해결해주려는 압박감을 느끼고 있습니다. 그걸 알 수 있는 대목은 내담자는 '해결'과 관련된 말을 전혀 언급도 하지 않았다는 점입니다. 오히려 상담자가 문제 해결에 대한 부담감을 느끼고는 먼저 해결해줄 수 있는 문제가 아니라고 언급하고 있습니다. 어쩌면 내담자는 이것이 해결하기 어려운 문제임을 알고 있었을지도 모릅니다.

상담자는 문제를 해결해주는 사람이 아니라는 것을 깊이 인식해야 합니다. 상담의 궁극적 목표는 내담자의 문제가 해결되는 것을 향한다고 할 수 있지만, 일차적인 목표는 내담자를 깊이 이해하는 것에 있습니다. 그래서 위 사례의 경우도 마찬가지로 내담자의 부부관계에 대해 알 수 있는 추가적인 질문들을 해나가는 것이 더 바람직했을 것입니다.

추가적인 질문으로 내담자와 배우자 간의 의사소통 양상을 더 구체적으로 확인하기 위해, 상담자가 아래와 같은 질문들을 할 수 있을 것입니다.

> "무엇을 사오면, 그럼 아내분께서는 어떻게 표현을 하시나요?"
> "그러면, 아내분의 감정 표현이 서툴다는 말에 대해서는 어떤 생각이 드세요?"
> "그러시군요... 그러면 최근에 그런 비슷한 상황이 있으셨나요?"

★★★ 생각해 보기!

나는 왜 내담자의 문제를 서둘러서 해결하려고 하는가?
나는 왜 내담자의 문제에 함께 머물러 있지 못하는가?

사례

내담자: 여보세요? 제가요... 있잖아요... (딸꾹질을 하며 주취상태의 목소리로)
힘든 게 있어서요...

상담자: 그러시군요... 혹시 성함이 어떻게 되세요?

내담자: 저요? 저 홍길동입니다.

상담자: 네 홍길동 님... 혹시 지금 술을 드셨나요?

내담자: 예 조금 마셨습니다.

상담자: 그렇군요. 지금 술 드신 상태라 얘기가 힘들 것 같네요. 지금은 쉬시고
내일 전화 주실 수 있을까요?

내담자: 아니요! 술 마셨다고 다음에 전화하라고! 그거는 무책임한 거 아이요!
힘들어서 술 먹었는데! 다음에, 다음에! 내 죽고 나면 하소!

초보 상담자의 생각

• 위 사례에 대한 나의 생각은?

_____

_____

• 내가 만약 상담자라면?

_____

_____

▼ 슈퍼비전

위 사례는 음주 상태의 내담자를 어떻게 응대해야 하는지를 다루고
있습니다. 위 사례 속 상담자는 내담자의 목소리를 듣고 내담자의 음주

상태를 확인했습니다. 내담자의 정확한 상황을 확인하기 위해 이러한 질문은 적절하고 필요합니다. 그리고 이후 내담자의 음주 사실이 명확해지자 상담자는 곧장 상담이 어렵다는 안내를 하고 있습니다. 그러자 내담자는 거절감에 분노하며, 거친 언사를 내기 시작합니다. 이 내담자와 상담자가 이후 긍정적 관계를 맺어가기가 쉽지 않아 보입니다. 사실 이러한 상황은 상담, 사회복지 기관에서는 왕왕 일어나는 일입니다. 이때 무엇을 달리해야 할까요?

이에 앞서 주취상태의 내담자들을 만날 때 고려해야 할 것이 있다는 점입니다.

첫 번째로는 상담의 기능적 측면입니다. 상담을 2가지 기능으로 구분한다면, 사고적 기능과 정서적 기능이라고 구분할 수 있습니다. 사고적 기능은 상담 과정에서 내담자가 사고력, 생각하는 힘을 발휘하면서 자기 자신에 대한 탐색과 통찰을 얻는 것입니다. 그리고 정서적 기능은 내담자의 어려움에 대해 공감하고, 안타깝게 여기는 따뜻한 마음을 전달하는 것입니다.

두 번째로는 주취상태의 특성입니다. 주취상태에서는 기억, 인지, 판단, 정보처리 등의 사고기능이 저하되고, 흥분이나 공격성, 충동성이 높아질 수 있습니다. 따라서 첫 번째 이야기했던 상담의 사고적 기능이 적용되기 매우 어려운 상황이라 할 수 있습니다.

세 번째로는 내담자의 감정 상태입니다. 내담자가 술을 마시고 전화하기까지의 감정이 어떠할지를 고려해 볼 필요가 있습니다. 내담자의 입장에서 힘들 수밖에 없는 여러 일들로 마음이 지쳐서 술을 먹게 되었다는 것, 그러니까 주취상태인 사람을 '나를 피곤하게 하는 사람'이라는 인식이 앞서기 보다 '무언가가 힘든 일을 겪는 사람'으로 인식하는 것이 필요하다는 점입니다.

이상 3가지를 고려해 볼 때, 상담자가 음주 상태를 확인 후 바로 종결을 짓기보다, 상담의 감정적 기능에 초점을 맞추어서 5~10분 정도의 짧은 상담을 진행하면 좋을 것 같습니다. 내담자에게 어떤 것이 힘든지 정도를 듣고, 다음 약속을 잡는 형태로 상담이 진행되었다면, 아마도 내담자는 덜 흥분하고, 좀 더 존중받았다고 느낄 수 있을 것입니다.

> **내담자:** 예 조금 마셨습니다.
> **상담자:** 그러셨군요. 어떻게 전화를 주셨어요?

위와 같이 내담자의 음주를 확인했다면, 그때 추후 약속을 잡고, 짧게 감정적 기능에 충실하게 상담을 해야겠다고 판단해야 합니다. 그리고 내담자에게 따뜻함과 존중을 전달할 정도로 이야기를 들었다면, "네~ 선생님. 말씀 잘 들었습니다. 이후에 선생님 이야기를 좀 더 자세히 듣고 싶은데, 내일 제가 연락드려도 될까요?"라는 말과 함께 면담을 종결하고 이후 술을 마시지 않은 상태에서 상담을 이어가도록 약속을 하면 좋을 것입니다.

★★★ 생각해 보기!

주취상태의 내담자에 대해 내가 가지고 있는 생각은 어떠한가? 주취상태의 내담자와 효과적으로 상담을 이어가기 위해 내게 필요한 것은 무엇인가?

사례

상담자: 대인관계 문제로 상담을 신청하셨는데, 구체적으로 어떤 일인지 말씀 부탁드려요.

내담자: 제가 다른 사람들한테 말이 없다는 얘기를 많이 들었고... 또 말을 하기가 어렵기도 하고, 주변 사람들이 저한테 말 좀 하라는 얘기를 많이 하는데... 저도 말을 못 꺼내겠고... 저도 하고 싶긴 한데 답답하고... 제가 정말 문제가 있는 건지... 제가 이상한 사람인 것처럼 느껴져서요...

상담자: 그러셨군요... 그럼 언제부터 사람들한테 말을 하라는 이야기를 들으셨나요?

내담자: 그냥 옛날부터 그랬던 것 같아요...

상담자: 그러면... 이전에 고민이 있을 때는 어떻게 하셨어요?

내담자: 말해도 해결될 일인가 싶어서... 속에 담아두죠...

상담자: 지금은요?

내담자: 지금도 똑같은데.. 익숙해져서 괜찮아졌어요.

상담자: 괜찮아지셨는데, 그러면, 무엇이 고민이 되시나요?

내담자: 저는 괜찮은데... 주변에서 계속 말을 하라고 하니까요... 저도 걱정이 되고요.

상담자: 주로 만나는 사람들이 누구인가요?

초보 상담자의 생각

• 위 사례에 대한 나의 생각은?

_____

_____

• 내가 만약 상담자라면?

_____

_____

▼ 슈퍼비전

위 사례는 대인관계에서의 어려움을 겪는 내담자와의 상담 장면입니다. 상담자와 내담자의 대화의 흐름이 하나의 주제로 자연스럽게 이어지는 것처럼 보이시나요? 현재 상담자와 내담자의 대화는 중심을 잃어버린 상황이라고 할 수 있습니다. 결론부터 말하자면, 내담자의 핵심적 욕구를 제대로 파악하지 못했기 때문이라 할 수 있습니다.

상담자는 현재 내담자가 '말을 하지 않는 것'을 핵심적인 문제로 보고 있습니다. 그래서 상담자가 했던 질문들을 살펴보면, 언제부터 말을 안 했는지("언제부터 사람들한테 말을 하라는 이야기를 들으셨나요?"), 말해야 할 상황에서는 어떻게 했는지("고민이 있을 때는 어떻게 하셨어요?")를 묻고 있습니다.

그런데, 실제 내담자의 핵심적 욕구는 '말을 하지 않는 것'이 아닙니다. 2가지 핵심적 욕구를 내담자는 이야기하고 있는데 첫째, 말을 하고 싶은데 못하겠다는 것, 두 번째, 이렇게 말 못하는 자신이 이상한 사람인지에 대한 의구심입니다. 그래서 '말을 왜 안 하는지'가 아니라 '말을 하고 싶은데 왜 못하는지'를 탐색해 나가야 한다는 것입니다.

위 상담에서 다루어져야 할 또 다른 한 가지는 상담자의 탐색의 방향이 '지금-여기(Here & Now)'에 충실하게 다루어져야 한다는 것입니다. 말을 하고 싶은데 하지 못하는 현재의 상황이 충분히 탐색되지 않은 채, 무작정 과거부터 탐색을 하는 것은 어디로 가야 할지도 모르는데 자동차의 시동부터 먼저 거는 것과 마찬가지입니다. 내담자의 욕구에 기반하여, 현재의 문제 상황이 충분히 탐색되어야 자연스럽게 과거로의 탐색도 이어질 수 있습니다.

핵심적 욕구를 정확하게 파악하지 못하고, 현재 시점을 충분히 다루지 못한 채, 상담이 이어지자 상담자의 질문들이 핵심적인 질문이 아닌 불필요한, 주변적인 질문들로 가득 차 있습니다. 이렇게 상담이 진행되면, 상담의 역동성이 떨어질 수밖에 없습니다. 상담자도 내담자도 모두 상담을 하면서도 회의감을 느끼게 될 수 있습니다.

> **내담자**: 제가 다른 사람들한테 말이 없다는 얘기를 많이 들었고... 또 말을 하기가 어렵기도 하고, 주변 사람들이 저한테 말 좀 하라는 얘기를 많이 하는데... 저도 말을 못 꺼내겠고... 저도 하고 싶긴 한데 답답하고... 제가 정말 문제가 있는 건지... 제가 이상한 사람인 것처럼 느껴져서요...
>
> **상담자**: 그러셨군요... 말을 하고 싶으신데, 못 꺼내시는 이유가 무엇인가요?

위와 같이 내담자의 욕구에 충실하여, 지금 현재를 다루는 질문이 필요합니다.

★★★ 생각해 보기!

나는 타인과의 의사소통에서 맥락을 잘 파악하는가? 잘 파악하지 못한다면, 그 이유는 무엇인가? 내담자에게 나타나는 문제를 넘어 내담자의 욕구가 무엇인지 파악하려 하는가?

상담자의 선입견

사례

> **내담자**: 지금은 부모님 이혼하셨고, 저랑 언니랑 아버지랑 같이 지내고 있어요. 언니랑 저랑은 2살 터울인데 언니는 타지에서 학교 다니느라 집에 없었고, 아버지는 늘 술 먹고 소리 지르고, 어머니랑 싸우는 일이 많았어요...
>
> **상담자**: 아... 언니 없이 혼자서 어떻게 지내셨어요?

▼ 슈퍼비전

위 사례는 이혼 가정에서 자란 내담자에 대한 내용을 다루고 있습니다. 여기에서 주목해서 봐야 할 것은 어디에 초점을 맞추고 있는지입니다. 내담자는 폭넓게 자신이 처했던 상황들을 이야기하고 있고 이에 대해 상담자가 여러 질문들을 할 수 있을 텐데, 그중에서도 '언니의 부재'를 콕 집어서 다루고 있습니다. 얼핏 보기에는 이런 질문을 할 수도 있겠지만, 현재 내담자가 이야기하고 있는 상황의 핵심 문제는 언니의 부재보다는 아버지의 위협적인 모습 혹은 부모님의 갈등이기에 상담자의 질문이 핵심을 빗나간 질문으로 보입니다.

그렇다면, 상담자는 왜 이러한 질문을 하게 되는 것일까요? 여러 가지 이유가 있을 수 있는데, 그중 하나는 상담자의 유사 경험 때문일 수 있습니다. 상담자가 내담자와 유사한 경험을 가지고 있어서, 당시 형제자매가 함께 있어서 큰 위안을 얻고 있었다고 가정할 때, 상담자는 내담자의 상황을 들으면서, 가장 먼저 언니의 부재가 더 심각하게 와닿았을 수 있습니다. 하지만, 상담자의 이러한 질문은 내담자에 대한 충분한 이해를 바탕으로 하지 않고, 상담자의 경험을 바탕으로 나온 것이기에 부적절합니다.

때때로 내담자의 문제가 상담자의 과거 경험과 유사한 경우가 있을 수 있습니다. 그때, 상담자는 더더욱 자신의 경험이 내담자를 이해하는 것에 앞서가지 않도록 경계할 필요가 있습니다. 이러한 과정은 상담자가 미처 의식하지 못한 채 일어날 수 있습니다. 상담을 시작하기 전에도 영향을 미치지 않도록 주의를 기울일 필요가 있지만, 평소에도 자신의 과거 경험에 대해 과민하게 반응하지 않을 수 있을 만큼, 충분히 의미를 탐색하고 발견하는 것이 필요합니다.

★★★ 생각해 보기!

나의 과거 경험에서(특히 고통스러운 경험에서) 충분히 자유로운가?
특정 대상에 대해 내가 가지고 있는 선입견은 무엇이 있는가?

상담 전 워밍업

사례

상담자: 안녕하세요. 홍길동 님. 상담자 아무개입니다. 오늘 전화상담 하기로 해서 전화 드렸습니다.
내담자: 네. 안녕하세요 선생님.
상담자: 지난번 마음이 힘들다고 하셨는데, 무슨 일인지 말씀해주실 수 있나요?
내담자: 아... 잠시만요...

▼ 슈퍼비전

수영을 하거나, 운동을 하기 전 꼭 해야 하는 것이 있죠? 바로 준비 운동입니다. 본격적으로 운동을 하기 앞서 몸이 놀라지 않게 충분히 풀어줌으로써 준비를 합니다. 우리 몸도 준비가 필요하듯, 마음도 마찬가지입니다. 마음의 운동을 하기 앞서 마음을 풀어주고 서서히 속도를 낼 필요가 있습니다. 위 사례는 준비 운동 없이 마치 잠에서 깨어나자마자 100M 달리기라도 해야 할 것만 같은 느낌이 듭니다. 상담자가 너무 급하게 중요한 질문을 하고 있다는 생각이 듭니다.

위 사례가 상담자와 내담자 간 사전에 약속된 시간에 이루어지는 전화상담일 수 있습니다. 그렇다고 하더라도 대면 상담과 달리 전화상담의 경우, 내담자의 현재 상황이나 상태에 대해서 모두 파악하고 있지 못하다는 특성이 있습니다. 그래서, 본격적인 상담에 앞서 현재 상담이 가능한지를 물어보거나 혹은 그동안 어떻게 지내셨는지의 간단한 안부 인사로 워밍업을 하는 것이 필요합니다.

아래와 같이 상담을 이어간다면 내담자도 본격적인 상담을 위한 충분한 준비과정을 가질 수 있을 것입니다.

상담자: 안녕하세요. 홍길동 님. 상담자 아무개입니다. 오늘 전화상담 하기로 해서 전화 드렸습니다.

내담자: 네. 안녕하세요 선생님.

상담자: 네~ 지금 통화가 괜찮으신가요?

내담자: 아 네 괜찮습니다.

상담자: 네~ 그동안 어떻게 지내셨나요?

★★★ 생각해 보기!

내가 내담자와의 만남에서 서둘렀던 경험이 있는가? 있다면, 그 이유는 무엇인가?

해결책을 원하는 내담자

사례

상담자: 경제적 어려움도 있으시고, 그것 말고도 여러 가지 상황들이 정말 많이 힘드셨겠어요. 혹시 이런 어려움을 털어놓을 사람이 있나요?

내담자: 장성한 아들들이 있긴 한데... 다들 먹고살기 바쁜데... 이런 얘기를 어떻게 하겠어요... 얘기하기가 그렇지...

상담자: 그러시군요... 털어놓을 곳이 없어서 더 힘드시겠어요.

내담자: 그렇죠... 그래서 선생님한테 이야기한 거죠. 해결책이 있을까 하고요..

상담자: 아 그러셨군요.. 마음이 힘드셔서 해결책을 찾고 싶다고 하셨는데... 답을 드리기는 어려울 것 같아요. 제일 상황을 잘 알고 있는 사람도 자기 자신이듯, 그 해결책을 가장 잘 찾아낼 수 있는 사람도 자기 자신이거든요.

▼ 슈퍼비전

위 사례에서 내담자의 상황이 구체적으로 드러나지는 않았지만, 복합적인 어려움을 가지고 있는 것으로 보입니다. 내담자는 이와 관련하여 해결책을 찾고 싶은 목적으로 상담을 찾았다는 것도 확인할 수 있습니다. 이처럼 내담자들은 종종 해결책을 직, 간접적으로 요구합니다. 이때 상담자는 과연 어떻게 대처해야 할까요? 핵심은 내담자가 해결책을 생각해 볼 기회를 주는 것입니다.

상담자는 내담자의 해결책 요구에 어렵다는 답변을 하고 있습니다. 이유에 대해서는 정형화되어 있는 답변을 하고 있는데, 아마도 이 상담자는 내담자에게 해결책을 제시하는 것이 바람직하지 않다는 것은 알고 있었던 것 같습니다. 다만, 이를 표현하는 방식이 자연스럽지 못하다는 점에서 아쉬움이 느껴집니다.

내담자에게 답을 드리지 않는 이유에 대해 구구절절 설명하는 방식은 내담자가 그에 대해 구체적으로 알기를 원한다면 모르겠지만, 그렇지 않은 경우 상담의 흐름을 해칠 수 있습니다. 아래의 예시처럼 내담자의 자기 탐색이라는 목적에 맞는 흐름을 이어가면서도, 자연스럽게 내담자 스스로 문제 해결 방법을 탐색하도록 되물어 보는 방식을 취하는 것이 좋습니다.

> 내담자: 그렇죠... 그래서 선생님한테 이야기한 거죠. 해결책이 있을까 하고요..
> 상담자: 아 그러셨군요... 그 부분을 함께 고민해 보면 좋을 것 같아요. 어떤 방법이 있을까요?

★★★ 생각해 보기!

나는 내담자에게 과도하게 무언가를 설명하려 하고 있지 않은가?
그것이 상담의 전체적인 흐름에서 어떻게 느껴지는가?

진실성

사례

상담자: ○○○님, 연락도 없이 이렇게 자꾸 찾아오시면 어떡해요.
내담자: 지나가는 길에 잠시 들렀습니다. 좀 시간 내주시면 안 됩니까?
상담자: 지금은 좀 어려워요(약간의 신경질적인 톤으로).
내담자: 선생님 제가 싫으시죠?
상담자: 아니요. 싫어하지 않아요.
내담자: 선생님 지금 저한테 화난 거 아니에요?
상담자: 아니요... 좀 바빠서 그랬어요. 화 안 났어요.

▼ 슈퍼비전

위 사례에서 상담자의 '자꾸'라는 표현을 통해 미루어 보건대, 내담자는 여러 차례 약속을 하지 않은 채 상담자를 찾아왔던 것으로 보입니다. 이런 상황을 대하는 상담자의 기분이 좋지 않은 것은 당연합니다. 그런데 이때, 상담자의 신경질적인 반응을 알아차린 내담자의 물음에 상담자는 자신의 감정을 솔직하게 드러내지 않고 부인을 하고 있습니다. 왜 부인을 했을까요?

상담과 상관없이 많은 사람들이 타인에게 부정적인 의사 표현을 하는 것을 어려워합니다. 그래서 가급적 부정적인 말 자체를 하지 않으려 하거나, 계속되는 부정적 감정을 다루기 어려워서 관계를 단절하는 경우도 있습니다. 더군다나 상담이라는 특수한 관계에서, 서비스를 제공하는 상담자가 내담자에게 부정적 감정을 드러낸다는 것은 어쩌면 초보 상담자에게는 생각조차 어려운 일일수 있습니다. 그렇기에 위 사례의 상담자는 내담자를 향한 자신의 부정적 감정을 의식했는지 못했는지는 알 수 없지만, 자신의 감정을 부인했습니다.

그러자, 내담자는 다시 한 번 구체적으로 짚어서 '자신한테 화난 것 아니냐'고 물어봅니다. 이어지는 상담자의 답변은 또 한 번 부인을 합니다. 하지만, 이어지는 상담자의 답변('바빠서 그랬어요')에서 상담자가 화가 났다는 사실을 알 수 있습니다. 하지만 끝까지 상담자는 화가 나지 않았다고 답변을 하며, 자신의 감정을 솔직하게 드러내지 않고 있습니다.

상담 과정 중 다양한 내담자를 만남에 따라 때때로 내담자의 특정한 말이나 행동이 상담자를 불쾌하게 만들 수 있습니다. 그때 상담자가 습관적으로 자신의 감정을 부인하기 쉽습니다. 하지만, 자신의 감정을 인정하고 표현하지 않은 채 계속해서 부인하게 될 때, 결국 내담자와 상담자의 신뢰관계의 형성은 어려워집니다.

신뢰관계는 상담자와 내담자가 서로 진실할 때, 가능해집니다. 진실성을 생각할 때, 어린아이들을 생각해 보면 쉽습니다. 많은 사람들이 어린 아이들에게는 쉽게 다가가 '몇 살이냐며', '이름이 뭐냐며' 말을 걸곤 합니다. 다 큰 성인을 향해서는 결코 하지 않는 일입니다. 물론 아이들이 귀엽기 때문이기도 하지만, 또 다른 이유는 아이들이 진실되기 때문입니다. 겉과 속이 같기 때문입니다. '싫으면 싫다, 좋으면 좋다'라고 말하는 어린아이들에 대한 신뢰가 있기 때문에 쉽게 다가가는 것입니다.

상담 관계도 마찬가지입니다. 상담자가 겉과 속이 다르지 않고 늘 똑같다면, 생각하고 느낀 대로를 표현하는 상담자라면, 내담자는 상담자에게 쉽게 마음을 열 수 있을 것입니다. 어린아이에게 쉽게 다가가듯, 자신의 마음을 조금은 쉽게 열 수 있을 것입니다. 그래서, 내담자의 좀 더 깊이 있는 이야기를 듣고자 하면, 상담자는 진실해야 합니다.

상담자가 내담자에게 솔직하게 표현하는 것이 잘못된 것이 아님을 알아야 합니다. 오히려 솔직하게 표현하는 것이 내담자와의 관계 형성에 더 도움이 된다는 것을 깨달아야 합니다. 물론 솔직함을 표현할 때, 'I-message'로 내담자에게 공격적이지 않게 다가가는 것이 중요합니다.

그럼 위 사례의 상담자가 진실했다면, 어떻게 표현했을까요?

> **내담자:** 지나가는 길에 잠시 들렀습니다. 좀 시간 내주시면 안 됩니까?
>
> **상담자:** ○○○님, 계속 이렇게 연락 없이 찾아오시니까, 저도 화가 납니다. 저도 계획된 일들이 있는데, 무작정 오시면 제 일에 차질이 생깁니다. 오늘은 제가 ○○○님과 만나기 어려우니 그만 돌아가 주시면 좋겠습니다. 그리고 저희가 약속했던 시간에 뵙도록 해요.

위와 같이 상담자가 표현한다면 어떨까요? 물론 내담자가 순순히 '네'하고 돌아서지는 않을 수 있지만, 적어도 상담자는 자신의 감정에 소모되는 에너지는 줄어들 것입니다. 진실되지 못할 때, 그러한 것을 그렇지 않다고 할 때, 우리는 필요 이상의 감정적 소모를 하게 됩니다. 진실하게 표현하면 안 써도 될 에너지를 쓸 필요가 없는 것입니다. 결과적으로 상담자는 좀 더 편안해지고 자유로워질 수 있으며, 내담자와의 관계의 진전도 기대해 볼 수 있게 됩니다.

★★★ 생각해 보기!

나는 언제 내담자에게 부정적 감정을 느끼는가? 부정적 감정을 어떻게 처리하는가?
부정적 감정을 어떻게 표현하면 좋을지 글로 쓰거나, 말로 연습해 보자.

사례

내담자: 선생님 저 오늘 못 만날 것 같아요. 급한 일이 있어서요. 그래서 말인 데... 내일 2시에 와주시면 안 되요?

상담자: 아.. 네 알겠습니다. 그러면 내일 2시에 뵙도록 할게요.

(다음 날)

내담자: 선생님 저 죄송한데 2시가 좀 어려울 것 같아요. 5시에 뵈면 안 될까요?

상담자: 음... 네 그렇게 해요. 그 시간에 그러면 뵙도록 해요.

(몇 시간 뒤)

내담자: 선생님 5시도 좀 어려울 것 같아요. 내일 뵈면 안 될까요?

상담자: 알겠습니다. 대신 내일은 시간 바꾸시면 안 되요.

초보 상담자의 생각

- 위 사례에 대한 나의 생각은?

_____

_____

- 내가 만약 상담자라면?

_____

_____

▼ 슈퍼비전

위 사례에서 내담자는 약속 시간을 무려 3번이나 변경을 했습니다. 실제 현장에서는 연락이 없는 채 상담에 오지 않는 경우도 종종 있는 것을 생각한다면, 위 내담자는 사전에 연락을 주었다는 점은 다행스럽게 느껴집니다. 위 사례에서 상담자의 대응을 살펴보면, 지나치게 허용적이라는 생각이 듭니다. 어쩌면, 내담자의 요구 사항을 다 들어주는 것이 좋은 상담자라고 생각하고 있을 수도 있습니다. 분명한 점은 내담자의 무리한 요구를 모두 들어주는 것이 결코 좋은 상담자가 아니며, 그런 상황이 지속될 때, 결과적으로 **상담자의 호의가 분노와 혐오감으로 바뀔 수 있다는 것입니다.**

내담자가 상담자를 '다 맞춰주는 사람'으로 인식하게 되면, 내담자가 의도하든 그렇지 않든 상담자를 마치 조정하는 것과 같은 상황으로 이어질 수 있습니다. 상담자가 더 이상 내담자의 요구사항을 들어주지 못하는 상황에 이를 때, 그때가 바로 내담자에 대한 부정적 감정이 극대화되는 시점이라고 할 수 있습니다.

중요한 것은 **상담자가 내담자에게 부정적 감정을 가지게 된 책임은 내담자가 아닌 상담자에게 있다는 것입니다.** 지속적으로 할 수 없는 것을 할 수 있는 것처럼 대응하는 것은 곤란합니다. 내담자에게 상담 약속에 대한 분명한 책임과 한계를 알 수 있도록 대응해야 합니다. 1번 정도 상담 시간을 바꾸는 것은 이해할 수 있지만, 반복되는 상황에서는 설사 상담자가 시간이 된다고 하더라도 응하지 않고, 적당한 시간적 거리를 두는 것이 좋습니다. 상담 약속을 어긴 것에 따르는 그만큼의 책임을 내담자도 가져야 하기 때문입니다.

아래의 예시와 같이 상담 약속이 재차 변경될 때, 내담자의 요구에 맞추기보다 시간적 거리를 두면서 내담자와 약속을 잡는 것이 필요합니다.

내담자: 선생님 저 오늘 못 만날 것 같아요. 급한 일이 있어서요. 그래서 말인
데... 내일 2시에 와주시면 안 되요?

상담자: 아.. 네 알겠습니다. 그러면 내일 2시에 뵙도록 할게요

(다음 날)

내담자: 선생님 저 죄송한데 2시가 좀 어려울 것 같아요. 5시에 뵈면 안 될까요?

상담자: ○○○님, 이전에 약속 시간을 한 번 변경했는데 다시 변경하는 것은
어려울 것 같습니다. 시간이 안 되시면, 다음 주에 다시 약속을 잡는 것
이 좋을 것 같습니다. 언제가 괜찮으신가요?

★★★ 생각해 보기!

나는 내담자에게 거절 의사를 표현할 수 있는가?
잘 표현하지 못한다면, 무엇 때문인가?

조언과 충고

사례

상담자: 어떤 것이 가장 힘드세요?

내담자: 잠 못 자는 게 제일 힘들죠... 내가 잠만 잘 자면 술 끊을 수 있어요. 잠
이 너무 안 오니까 이렇게 계속 술 먹는 거죠...

상담자: 네... 잠이 안 와서 술을 드신다고 하셨는데... 술이 수면을 오히려 방해하
고, 수면의 질도 떨어뜨리고, 건강에도 나쁜 영향을 미칠 수 있거든요.

내담자: 알죠 알죠.. 술 끊기가 어디 쉽습니까? 수면제도 먹어 봤는데 머리만
아프고, 별로 효과도 없어서 안 먹습니다...

상담자: 술을 끊으실 생각은 있으신가요?

내담자: 술이야 하루에도 수십 번이나 끊고 싶다 생각하죠.. 근데 잠을 못 자니까...

> 상담자: 낮에 활동을 좀 더 많이 하시고, 카페인 섭취를 줄이시면....
> 내담자: (말을 끊으며) 아니... 갈 데도 없고, 만날 사람도 없는데 어디 가서 뭘
> 하겠어요..
> 상담자: 집 앞에 짧게 5분이라도 나가거나 햇볕도 좀 쬐거나 하시면 좋겠어요.

초보 상담자의 생각

• 위 사례에 대한 나의 생각은?

_____

_____

• 내가 만약 상담자라면?

_____

_____

▼ 슈퍼비전

어려움을 겪고 있는 내담자들이 문제에 대한 해결 방법을 몰라서 어려움을 겪고 있을까요? 그렇지 않습니다. 어떻게 해야 하는지, 어떻게 해야 도움이 되는지 알고 있습니다. 알지만, 그럼에도 힘들고, 잘되지 않기 때문에 어려운 것입니다. 상담자는 내담자가 알고 있는 해결 방법을 굳이 다시 이야기할 필요가 없습니다. 알고 있는 내용을 계속해서 반복해서 듣는 것은 잔소리로 여겨질 뿐입니다. 내담자가 가진 마음, 잘 해결되지 않는 그 답답함을 그저 공감해주는 것이 필요합니다. 그때, 내담자는 공감하는 상담자로 인해 자기 자신을 좀 더 객관적으로 바라볼 수 있게 되고, 이미 알고 있었던 해결법을 향해 한 걸음씩 나아갈 수 있습니다.

위 사례는 술 문제를 가지고 있는 내담자와의 상담입니다. 상담자는

내담자에게 술이 미치는 나쁜 영향을 설명하고, 잠을 잘 수 있는 방법을 설명합니다. 내담자의 상황이나 처지를 더 깊이 알고자 하는 질문이 아니라, 내담자의 상황을 변화시키기 위한 조언을 계속해서 던지고 있습니다. 이러한 설명에 지친 내담자는 급기야 상담자의 말을 끊는 상황에 이르렀습니다. 내담자가 말을 끊고서, 자신의 상황에 대해 이야기할 때의 감정은 무엇일까요? '억울함'입니다. 상담자가 내담자의 상황이나 처지를 깊이 이해하려 들지 않고, 조언만을 하자 내담자는 너무 답답한 나머지 상담자의 말을 끊고 억울함을 호소하는 것입니다. 내담자의 호소에도 불구하고 햇볕을 쬐라며 이어지는 상담자의 조언을 보면, 내담자가 안쓰럽게 느껴지기까지 합니다.

조언을 멈추고, 내담자가 무엇으로 고통받고 있는지, 내담자는 고통을 이겨내기 위해 무얼 하고 있는지, 그리고 무엇을 할 수 있는지를 아래와 같은 질문들로 탐색해 나가야 합니다.

내담자: 잠 못 자는 게 제일 힘들죠... 내가 잠만 잘 자면 술 끊을 수 있어요. 잠이 너무 안 오니까 이렇게 계속 술 먹는 거죠...

상담자: 많이 힘드셨겠네요.

✔ 술 외에 다른 도움이 되신 것이 있다면 무엇이 있으신가요?

✔ 조금이라도 잠을 자려면, 어떤 게 필요할까요?

★★★ 생각해 보기!

나는 조언의 무익함에 대해 충분히 이해하고 있는가?
조언을 계속하게 된다면, 어떤 이유 때문인가?

상담 중 기록

사례

상담자: 어떤 것이 가장 힘드세요?

내담자: 남편이랑 정말 매일같이 싸워요... 지금은 화해해서 잘 지내는데, 싸울 때는 정말 죽일 듯이 싸우고... 심한 말을 많이 해요... 나가라고 하기도 하고...

상담자: 그러시군요... (적으면서)

내담자: 술 먹고 그러면.. 더 심하게 싸우는데... 휴... 언제 또 이렇게 싸울지 조마조마하죠...

상담자: 네에... (적으면서)

내담자: 선생님 그런데, 계속 쓰시던데.. 뭐라고 쓰신 거예요?

초보 상담자의 생각

• 위 사례에 대한 나의 생각은?

_____

_____

• 내가 만약 상담자라면?

_____

_____

▼ 슈퍼비전

위 사례에서 내담자는 상담자의 거듭되는 기록에 대해 상담자에게 무엇을 쓰고 있는지 물어봅니다. 이러한 질문을 하는 내담자는 불편감을 느낄 수 있습니다. 상담자가 자신을 바라보는 것이 아니라 계속해서 아래의 메모지를 바라보는 것에서 자신의 이야기를 귀 기울여 듣지 않고 있다고 느낄 수 있습니다.

　상담자가 이렇게 기록을 하는 이유는 무엇일까요? 기록을 하는 행위 자체는 잊어버리면 안 되기 때문입니다. 그래서 내담자가 상담자의 집중을 의심케 할 정도의 기록을 하고 있다면, 그것은 상담자가 중요한 기록을 놓치면 안 된다는 과도한 불안, 걱정, 염려 때문일 수 있습니다.

　영화를 볼 때, 기록해 가면서 보지 않아도 영화의 줄거리를 충분히 이해하듯, 상담의 그 순간에 내담자에게 집중한다면, 이후에 내담자를 돕기 위해 중요한 정보들은 자연스럽게 머릿속에 남아 있기 마련입니다. 그리고 그러한 정보를 상담이 끝난 직후 상담 기록을 통해 정리를 해두는 것이 좋을 것입니다.

★★★ 생각해 보기!

내가 상담 과정 중에서 기록을 하는 이유는 무엇인가?
상담 중의 기록이 정말로 도움이 되는가?

사소한 질문

사례

상담자: 아... 이렇게 속마음을 털어놓으셔 본 적이 있으신가요?
내담자: 예.. 제가 예전에 친한 동생한테 전 여자친구 얘기를 했거든요. 어떤 것으로 싸웠는지, 또 그 과정에서 제가 느낀 감정들이라든지... 근데 그 동생이 그럴 수 있다고 얘기를 해주는 거예요. 그래서 그때, 이야기 꺼내는 게 쉽지는 않았는데, 이야기하고 나니까 후련하기도 하고, 기분이 한결 낫더라고요.
상담자: 그러셨군요. 그런데 혹시 전 여자친구라고 하셔서... 헤어지신 건가요?

▼ 슈퍼비전

위 사례에서 상담자가 내담자에게 알고자 했던 내용은 내담자가 자신의 경험을 이야기하는 것에 얼마나 익숙한지입니다. 내담자는 상담자의 질문에 적절하게 그와 관련된 경험을 이야기하고 있습니다. 그런데 상담자의 뒤따르는 질문은 다소 부적절해 보입니다.

많이 양보해서 만약 위 사례에 기록된 것 외 내담자의 이야기의 전체적 맥락에서 이성관계가 중요한 주제였다면, 위 질문을 이해할 수 있는 측면이 있습니다. 하지만, 그런 상황이 아니라고 가정할 때, 전 여자친구와 헤어진 것인지를 묻는 상담자의 질문은 지극히 사소한 것으로, 현재 다루고 있는 주제에서 벗어나 있다고 할 수 있습니다.

상담은 제한된 시간에서 이루어지는 것이기에 상담자가 내담자에게 무엇을 질문할지는 매우 중요합니다. 내담자에게 중요하고 의미 있는 것에 대한 탐색이 중심이 되어야 할 상담에서 별로 중요하지 않은 사소한 것이나 단순히 상담자의 호기심에서 나오는 질문들을 하는 것은 상담 윤리에도 어긋난다고 할 수 있습니다. 상담 시간은 온전히 내담자를 위한 시간으로 내담자에게 도움이 될 수 있는 방향에서 도움이 되는 질문들로 이루어져야 합니다.

★★★ **생각해 보기!**

상담 중 불필요한 질문, 나의 개인적 관심에 따른 질문을 하고 있지 않은가?
그러한 질문이 상담의 전체적 흐름을 어떻게 방해하고 있는가?

상담의 소감

사례

상담자: 오늘 상담하시면서 정말 이야기하는 게 쉽지 않으셨을 텐데, 용기 내서
이야기해주셔서 감사해요.

내담자: 아닙니다.

상담자: 오늘 상담하신 것에 대한 소감을 들을 수 있을까요?

내담자: 특별한 것 없는데요.

상담자: 아... 그러시군요(아쉬운 듯한 목소리의 톤으로).

초보 상담자의 생각

• 위 사례에 대한 나의 생각은?

_____

_____

• 내가 만약 상담자라면?

_____

_____

▼ 슈퍼비전

위 상담 과정에서 어떤 점이 문제가 있다고 생각이 드시나요? 그것을 이야기하기 위해서는 먼저 상담에 대한 소감을 나누는 이유를 알아야 합니다. 소감을 나누는 이유가 상담자가 제공한 서비스가 어떠했는지를 평가받고자 함일까요? 절대 그렇지 않습니다. 물론 내담자가 상담자에게서 받은 좋은 인상이나 긍정적인 내용을 언급하는 상황들이 있을 수 있습니다. 하지만, 상담자가 이러한 답변이 나오기를 기대하거나, 이를 의도하여 상담에 대한 소감을 묻는 것은 매우 부적절한 것입니다. 위 사례의 상담자가 아쉬움을 느낀 것은 긍정적 답변을 기대했기 때문입니다.

제가 초보 상담자일 때, 이러한 긍정적 답변에 대한 기대를 가지고 소감을 물었던 일이 있습니다. 그때 내담자의 답변은 '부끄럽습니다'였습니다. 내담자의 답변을 듣고 저는 쥐구멍에라도 숨고 싶었습니다. 제가 내담자들이 어떠한 마음으로, 어떻게 이야기를 꺼냈는지에 대한 이해가 너무나도 부족했다는 사실에 괴롭고 부끄러웠습니다. 내담자들이 상담을 통해 도움을 받았다 할지라도, 여전히 문제를 부끄럽게 여길 수 있고, 여전히 어려움 가운데 있을 수 있기 때문에 상담자는 끝까지 내담자의 상태에 대해 민감성을 유지해야 합니다. 그 당시의 저는 소감을 물으며, 내담자에게 집중하는 것이 아닌 상담자로서의 제 자신이 어떻게 비칠까를 더 많이 생각하고 있었기에 매우 부적절했다고 할 수 있습니다.

상담의 소감을 나누는 이유는 철저하게 내담자에게 도움이 되기 위해서입니다. 내담자가 상담 시간 동안에 자신에 대해 새롭게 깨달았던 것들을 다시 한 번 정리해 보고 상기시키도록 돕기 위함이지, 상담자가 좋은 평가를 받기 위해서가 아닙니다. 상담의 소감을 나누는 과정을 통해 상담 본연의 목적인 자기통찰과 자기수용으로 한 걸음 더 나아갈 수 있게 도울 수 있습니다.

약물 치료 권유

사례

상담자: 이렇게 죽고 싶다는 생각도 드시고, 살도 많이 빠지시고, 우울감이 나아지지 않고 계신데... 정신과 치료로 약을 드셔보시는 것은 어떠세요?

내담자: 예.. 제가 예전에 아는 형님도 저한테 병원 가보라 그랬거든요. 무슨 병원이냐고 그러긴 했는데 하도 얘기해서 가긴 갔단 말이에요. 근데 뭐 얘기를 한 거 자체는 그냥 괜찮았어요. 근데 뭐 그게 끝이던데요. 별로 좋았던 경험이 아니어 가지고...

상담자: 그러셨군요. 그런 일이 있으셨군요...

내담자: 그래서 일단 다른 건 모르겠고, 상담부터라도 좀 받아 보자 싶었어요. 병원 가게 되면 약 처방받고 그러잖아요. 약 안 먹고도 치료돼요?

상담자: 음... 지금 ○○○ 님 우울 증상이 심해서 약은 꼭 먹어야 될 것 같아요. 병원 한 번 가보시는 것이 좋을 것 같아요.

▼ 슈퍼비전

많은 내담자들에게 심리적 고통에 따른 정신과적 증상이 경미하게 나타나거나 혹은 아주 심하게 나타나기도 합니다. 이때, 정신건강의학과를 통한 약물 치료를 어느 정도의 강도로 어떻게 권유해야 하는지 어려운 문제일 수 있습니다. 내담자들의 상황이나 상태가 매우 다양하기 때문에, 약물 치료 필요 여부에 대해 체크리스트를 가지고서 명확하게 '예, 아니오'로 답하기는 어려울 수 있습니다. 하지만, 중요하게 고려해 볼 수 있는 척도 중 하나가 바로 일상생활 수행에 대한 것입니다. 만약 내담자가 직장이나, 학교생활에 지속적인 지장을 주고 있는 상황이라면 약물 치료를 권유하는 것이 좋습니다. 정신장애를 진단하기 위해 사용되는 대표적인 책 DSM-5(정신장애의 진단 및 통계 편람)에서 여러 정신장애의 진단 기준으로 제시하고 있는 것 중 하나도 바로 일상생활 능력입니다. "증상이 사회적, 직업적, 또는 다른 중요한 기능 영역에서 임상적으로 현저한 고통이나 손상을 초래한다"라고 명시되어 있습니다.

또 한 가지 기억해야 할 것은 상담자가 약물 치료에 대해 권유를 할 수는 있지만, 강요를 할 수는 없다는 것입니다. 여러 연구에 따르면 지각된 강요의 경험은 이후의 치료 순응을 더 떨어뜨린다고 보고하고 있습니다. 즉, 자발적인 치료 선택이 이후에 성공적 치료로 이어질 수 있다는 것입니다.

위 사례에서 내담자는 정신과 치료에 대한 부정적 경험을 가지고 있습니다. 민감한 상담자라면 내담자가 과거의 정신과 치료 경험에서 구체적으로 어떠한 부분이 부정적으로 느껴졌는지를 파악할 수 있었을 것입니다. 아래와 같이 상담자가 추가적인 질문을 하면서 내담자의 불편감을 다루어 나간다면, 좀 더 효과적으로 약물 치료로 이어질 수 있을 것입니다.

> **내담자:** 예.. 제가 예전에 아는 형님도 저한테 병원 가보라 그랬거든요. 무슨 병원이냐고 그러긴 했는데 하도 얘기해서 가긴 갔단 말이에요. 근데 뭐 얘기를 한 거 자체는 그냥 괜찮았어요. 근데 뭐 그게 끝이던데요. 별로 좋았던 경험이 아니어가지고...
>
> **상담자:** 그러셨군요. 그런 일이 있으셨군요... 구체적으로 어떤 부분이 안 좋으셨어요?

★★★ 생각해 보기!

나는 내담자에게 강요를 하고 있는가? 권유를 하고 있는가?
강요를 하고 있거나, 했다면, 그 이유는 무엇인가? 그 외 다른 방법은 무엇이 있는가?

사례

내담자: 우리 애가 얼마 전부터 밥도 통 안 먹고, 어디 나가지도 않고, 집에 틀어박혀서는 뭘 하고 있는지 방문도 안 열어요. 걱정이 돼서 죽겠어... 상담을 받았으면 하는데... 어떻게 해야 돼요?

상담자: 어머님, 본인 동의가 되지 않으면, 상담 진행은 어렵습니다.

초보 상담자의 생각

- 위 사례에 대한 나의 생각은?

- 내가 만약 상담자라면?

▼ 슈퍼비전

임상 현장에서 종종 서비스는 필요로 하나, 당사자 동의가 되지 않는 내담자들을 만날 때가 있습니다. 가족이나 기관 실무자들이 서비스가 필요하다고 생각하여, 어떻게든 상담을 받았으면 하는 마음으로 문의를 합니다. 이때, 상담자는 어떻게 대응해야 할까요?

위 사례에서 내담자, 정확히 말하면 내담자의 어머니는 자녀에 대한 걱정으로 도움을 받기 위해 전화를 주었습니다. 이를 대응하는 상담자의 태도에서 아쉬움이 느껴집니다. 어머니가 처한 상황과 어려움에 대한 공감적 태도는 전혀 나타나지 않고, 정확한 정보만을 전달하고 있습니다. 정확한 정보가 전달되는 것이 중요하기는 하지만, 그에 앞서 걱정이 많은 어머니의 입장을 생각해 보고, 그 마음을 헤아려 보는 것이 필요합니다.

상담자가 때때로 이렇게 공감적 태도를 가지기 어려운 이유는 너무 빠른 판단을 내리기 때문입니다. 위 사례의 상담자는 본인 동의가 되지 않는 상황에서 더 이상의 진행이 어렵다고 빠르게 판단 내리고 종결을 하려는 것으로 보입니다. 내담자에게 도움이 되기 위해서는 현재의 상황이 정말로 상담 진행이 어려운 상황인지, 혹은 달리 도움을 제공할 수 있는 것은 없을지 추가적인 확인 과정을 거치는 것이 필요합니다. 확인 과정을 거쳤음에도 역시 상담이 불가능하다는 결론에 도달할 수 있지만, 그 과정에서 달리 취해 볼 수 있는 방법들을 발견하거나, 혹은 상담자의 공감적 태도로 내담자도 상담이 불가능하다는 것을 좀 더 쉽게 받아들일 수 있게 됩니다.

아래의 상담자와 같이 너무 빠른 판단을 내리지 않고 공감적 태도를 보이면서 구체적 상황들을 파악해 나가는 것이 필요합니다.

> 내담자: 상담을 받았으면 하는데... 어떻게 해야 돼요?
> 상담자: 아... 어머님, 많이 걱정되시겠네요. 그런데, 지금 상황이 아드님이 전혀 방 바깥으로 나오지 않고 있나요?

★★★ 생각해 보기!

내담자에 대해 혹은 문제해결 방법에 대해 너무 성급하게 '이럴 것이다', '이렇게 해야 한다'라고 결론을 내릴 때가 있나요?
너무 빠른 판단을 하지 않기 위해 나는 무엇을 달리해야 할까요?

내담자의 무리한 요구

초보 상담자의 생각

• 위 사례에 대한 나의 생각은?

_____

_____

• 내가 만약 상담자라면?

_____

_____

▼ 슈퍼비전

임상 현장에서 종종 불가능한 요구를 하는 내담자 또는 악성 민원인을 만나게 되는 경우가 있습니다. 이럴 때, 상담자들은 어떻게 대처를 해야 할까요? 위 사례를 보면, 아마도 내담자의 금전적 요구는 이전에도 계속되었던 것으로 보입니다. 상담자는 반복해서 '해줄 수 없다'라는 사실을 전달하고 있습니다. 내담자는 '해 달라', 상담자는 '할 수 없다'라고 팽팽하게 맞서고 있는 듯합니다.

내담자에게 무엇이 가능하며, 무엇이 불가능한지 사실을 전달하는 것은 매우 중요하고 필요한 일입니다. 하지만, 내담자의 마음에 대한 헤아림 없이 사실만을 전달하는 것은 내담자에게 거절감과 함께 더 큰 분노를 불러일으킵니다. 이후에는 상담자와 내담자 간 의미 없는 힘겨루기와 그로 인한 내담자에 대한 짜증과 분노의 감정을 갖게 되기 십상입니다.

어떻게 대처해야 할까 결론부터 이야기하면, 불가능한 요구를 하는 내담자에게 먼저는 공감적 반응, 다음은 명확한 한계 안내 그리고 마지막으로는 무대응으로 대처할 수 있습니다.

공감적 반응을 가지기 위해서 내담자의 말과 행동을 유발하는 내담자의 상황과 처지의 어려움에 주목하는 것입니다. 부정적인 반응이 나올 정도로 힘들고 어려운 상황임을 상담자가 고려하여, '힘드시겠다'라는 공감적 반응이 필요합니다. 이어서 불가능한 요구는 명확하게 불가능하다고 안내해야 합니다. 여기서 상담자가 가져야 할 마음은 '안타까움'이지 '미안함'이 아닙니다. 상담자가 할 수 있는 것을 하지 않고 있지 않기 때문입니다. 이러한 대응에도 불구하고 반복되는 요구에는 대응을 하지 않아야 합니다. 대응을 하지 않는 방식은 '더 이상은 드릴 말씀이 없습니다'라고 고지를 하고, 아무 말도 하지 않는 것입니다. 그럼에도 불구하고 내담자의 요구가 더 거세지는 경우에는 상담 자체를 종결하는 것이 필요합니다. 이때는 내담자의 허락을 구하는 것이 아니라 통보를 해야 합니다. '전화를 끊겠습니다' 혹은 '이 이상 상담은 어려울 것 같습니다'라고 안내하며, 대응 자체를 하지 말아야 합니다. 일련의 과정들은 아래와 같이 대응할 수 있을 것입니다.

내담자: 돈 좀 어디서 더 구할 수 없어요? 아니 담배 몇 갑 사고 술 사면 끝인데... 돈 좀 더 받을 수 없냐고요?

상담자: 선생님, 돈이 충분하지 않아서 많이 힘드시죠? 해결이 되면 좋을 텐데... 저도 그 부분을 도와드릴 수가 없어서 아쉽네요...

내담자: 아니... 선생님이 나라에다가 좀 얘기해주면 되잖아!

상담자: 더 이상 제가 드릴 말씀이 없습니다.

내담자: 거기서는 그러면 나한테 해주는 게 뭔데? 뭐냐고! 어?!

상담자: (침묵하고 기다리기)

· · ·

내담자: 아니, 이보세요!!! 뭘 해줘야 될 거 아니야! 그러고도 상담사야!(계속되는 내담자의 무리한 요구)

상담자: 선생님 더 이상 상담은 어려울 것 같아 전화 끊겠습니다.
약속된 시간에 다시 연락 드리겠습니다.

이러한 상담자의 대응에서의 원칙은 바로 '따뜻하고 단호하게'입니다. 내담자의 어려운 처지에 대한 따뜻한 마음은 유지하되, 용인할 수 없는 내담자의 폭력적인 말과 행동에는 단호하게 대처해야 합니다.

★★★ **생각해 보기!**

불가능한 요구를 하는 내담자에게 부정적인 감정을 가지고 있지 않은가?
내담자에게 감정적으로 행동하지 않기 위해 나에게 필요한 것은 무엇인가?

사례

내담자: 엄마가 저한테 너무 욕하고, 소리 지르고, 그럴 만한 일도 아닌데 그렇게 화내니까 저도 너무 화가 났어요.

상담자: 아~ 그럴 만한 일도 아닌데 엄마가 너무 욕하고 소리 질러서 화가 나셨군요.

내담자: 그래서, 저도 화가 나서 엄마한테 소리를 질렀거든요. 그랬더니, 엄마가 갑자기 어떻게 네가 나한테 그럴 수 있냐면서 막 우는 거예요. 그때 진짜, 더 화가 나는 거예요.

상담자: 음... ○○○ 님이 화가 나서 소리를 질렀고, 어머니는 그것 때문에 우셔서, ○○○ 님은 더 화가 나셨군요.

초보 상담자의 생각

• 위 사례에 대한 나의 생각은?

_____

_____

• 내가 만약 상담자라면?

_____

_____

▼ 슈퍼비전

상담을 할 때, 흔히 '내담자의 말은 반영한다'라고 표현합니다. 이때 '반영(reflect)'이라는 말의 사전적 의미는 '빛을 반사하여 비추는 것'인데, 내담자가 이야기하는 것을 그대로 상담자가 이야기함으로써 공감하고 있음을 보여주는 것이라 할 수 있습니다.

그럼, 위 사례를 반영의 측면에서 본다면 어떨까요? 반영을 잘 하고 있다고 할 수 있을까요? 과유불급입니다. 너무 지나치게 반영을 해서 오히려 내담자의 이야기의 흐름이 끊어집니다. 영화를 예로 들어보겠습니다. 영화를 보는데 계속 중간중간 멈춥니다. 그리고 이전까지의 내용을 요약하고, 다시 틀고, 이러한 일을 반복한다면 어떨까요? 너무 답답할 것입니다. 마찬가지로 내담자의 이야기를 들을 때 흐름을 끊게 만드는 반영이 계속되면, 내담자 입장에서도 이야기를 할 맛이 안 날 수 있습니다. 이야기를 좀 하려고 하면, 상담자가 자꾸 끼어들어서 불필요한 요약을 하고 있으니 내담자도 답답해지는 것입니다.

그렇다면, 왜 이렇게 불필요한 반영을 하게 되는 것일까요? 상담자로서 내담자에게 잘 듣고 있다는 메시지를 주고 싶은 생각 때문일 수 있습니다. 잘 듣고 있다는 메시지를 주고 싶다는 생각은 지나치게 의식적인 것입니다. 그저 집중해서 잘 들으면, 자연스럽게 드러나기 마련입니다. 그것을 의식적으로 하다 보면 부자연스러워지고 안 해도 될 반응을 하게 되는 상황으로 이어질 수 있습니다.

또 다른 이유는 내담자의 이야기를 왜곡이나 누락 없이 정확하게 들어야 한다는 생각 때문일 수 있습니다. 녹화를 하거나 녹음을 하지 않는 이상 내담자의 이야기를 100% 정확하게 표현해내는 것은 불가능한 일입니다. 내담자가 이야기하고자 하는 핵심적인 주제와 관련하여 내담자의 정서적 상태를 집중해서 받아들인다면, 그 외 부차적인 정보들을 모두 기억할 필요가 없습니다. 오히려 모든 것을 기억하려 할수록, 내담자에 대한 부분적인 이해에 머물게 됩니다.

적절한 반영은 많은 말을 필요로 하지 않습니다. '그러셨군요'와 같은 짧은 말과 비언어적인 표정, 행동으로 전달될 수 있습니다. 때로 내담자가 아주 복잡한 이야기를 할 때, 상담자가 잘 이해하고 있는지 확인하는 차원에서의 정리 정도가 적절한 반영이라 할 수 있습니다. 적절한 반영이 이어져야 내담자로 하여금 더 이야기할 맛이 나게 하는 원동력이 될 수 있습니다.

★★★ **생각해 보기!**

나는 불필요한 반영을 하고 있지 않은가?
나는 내담자에 대한 사소한 정보에 집착을 하고 있지는 않은가?

갈등관계 다루기

사례

내담자: 아빠가 저를 미워해요. 어떻게 부모라는 사람이 저한테 그런 말을 할 수 있죠?

상담자: 아버지께서 뭐라고 하셨나요?

내담자: 꼴도 보기 싫으니까, 나가라고요. 너를 자식으로 둔 게 후회가 된다고요. 아무리 화가 나도 그렇지... 어떻게 그렇게 말할 수 있죠?

상담자: 아... 많이 속상하시겠어요.

▼ 슈퍼비전

많은 내담자들이 부부관계, 부모-자녀 관계, 연인관계, 친구관계 등 관계의 문제에 대한 어려움을 호소하며 찾아옵니다. 그런데 많은 내담자들의 상황을 보면, 갈등관계에 있는 상대방은 상담에 대한 동기가 없는 경우가 많습니다. 그로 인해 내담자의 관계의 갈등을 이해하는 것은 오직 내담자를 통해서 가능해집니다. 다시 말하면, 내담자와 갈등관계에 놓여있는 상대의 입장은 알지 못하는 상태에서 내담자의 이야기만을 듣게 된다는 것입니다. 그렇다고 해서, 내담자의 이야기를 반신반의하는 태도로 들어서는 안 됩니다. 왜냐하면 내담자가 현재 느끼고 있는 고통과 감정은 그 자체로 사실이기 때문입니다.

그러면, 상담자는 내담자의 이야기를 믿으면서도, 내담자와 갈등관계에 놓여 있는 사람과의 문제를 어떻게 풀어가야 할까요? 내담자가 갈등관계를 객관적으로 바라볼 수 있도록 도와야 합니다. 객관적으로 바라보기 위해서 우선 다루어져야 하는 것은 내담자의 주관적인 감정입니다. 내담자가 갈등관계에 있는 상대에게서 느끼는 질투, 분노, 슬픔, 억울함

등의 모든 감정이 수용되어야 합니다. 내담자의 감정이 있는 그대로 수용되어야만, 내담자에게 갈등 관계의 상대를 이해할 수 있는 힘, 마음의 여유가 생깁니다. 이때, 상담자는 적극적으로 내담자가 갈등관계를 탐색할 수 있도록 돕는 질문을 해야 합니다. 갈등에 놓인 상대방이 왜 그런 말과 행동을 했을지 내담자가 생각해 볼 수 있는 질문들을 아래와 같이 할 수 있습니다.

> 내담자: 아버지가 저를 미워해요. 어떻게 부모라는 사람이 저한테 그런 말을 할 수 있죠?
>
> 상담자: 아버지께서 뭐라고 하셨나요?
>
> 내담자: 꼴도 보기 싫으니까, 나가라고요. 너를 자식으로 둔 게 후회가 된다고요. 아무리 화가 나도 그렇지... 어떻게 그렇게 말할 수 있죠?
>
> 상담자: 아휴... 많이 속상하시겠어요. 그런데 아버지는 왜 그런 말씀을 하신 건가요?

이러한 과정들을 통해 내담자는 갈등 관계의 상대방에 대해 '그래서 그랬겠네요'와 같은 상대방을 인정하는 결론에 도달하게 될 수 있습니다. 이처럼 내담자에게서 생겨난 상대에 대한 '이해'가 곧 갈등관계를 풀어 가는 열쇠가 될 수 있습니다.

★★★ 생각해 보기!

나는 내담자에 대한 공감을 넘어, 내담자와 함께 내담자의 갈등관계에 놓인 사람을 비난하고 있지 않은가?

사례

내담자: 너무 힘들어서 전화를 했죠... 제가 작년부터 계속 겨우겨우 일을 찾아서 했거든요. 그런데 올해 들어서는 일도 잘 없고... 캐피털에서는 계속 전화 오고... 일할 때는 그런 안 좋은 생각 같은 것도 안 들었단 말이에요. 그런데 지금...

상담자: 아, 선생님 잠시만요. 혹시, 그런 안 좋은 생각이라는 것이 자살을 생각하신 건가요?

내담자: 죽고 싶다는 생각이 많이 들죠...

상담자: 으음... 구체적으로 자살을 생각하신 건가요?

초보 상담자의 생각

• 위 사례에 대한 나의 생각은?

_____

_____

• 내가 만약 상담자라면?

_____

_____

▼ 슈퍼비전

위 사례에서 내담자는 경제적 어려움을 호소하고 있습니다. 그로 인해 자살에 대한 생각까지도 하고 있는 상황입니다. 다만, 내담자가 처음에는 '자살'이나 '죽고 싶다' 등 구체적으로 표현하지 않고, '안 좋은 생각'이라고 에둘러 표현하였습니다. 그럼에도 불구하고, 상담자는 내담자의 표현에서의 자살 위험을 민감하게 잘 포착하였고, 이에 대해 추가적인 질문을 하였습니다. 이러한 민감성이 발휘되어 자살과 관련된 문제에 대해 추가적인 정보를 확인하는 것은 매우 중요합니다.

내담자에게서 자살 위험이 보일 때, 무엇을 확인해야 할까요?

1. 자살 생각의 구체성: 자살에 대한 생각이 있다고 할 때, 언제, 어디서, 어떠한 방법으로 자살을 계획하고 있는지에 대해 물어봐야 합니다. 단순히 생각만 하고 있는 사람과 달리 구체적인 계획이나 방법까지 생각하고 있는 사람은 실행에 옮길 가능성이 더욱 높기 때문입니다. 그래서 '언제 자살을 시도할지 생각해두신 건가요?', '장소나 방법도 생각을 하신 건가요?'라는 추가적인 질문을 통해 어느 정도의 위험 상황인지를 파악해야 합니다.

2. 과거 자살시도 이력: 두 번째는 이전에 자살을 시도했던 일이 있는지를 확인하는 것입니다. 이전에도 자살을 시도한 경험이 있다고 한다면, 더 치명적인 방법을 사용할 가능성이 있고, 더욱이 그 이력이 최근이라면, 더 위급한 상황이라고 할 수 있습니다.

3. 안전 확보를 위한 노력: 가족이나 지인의 도움을 통해 혼자 있거나, 위험한 상황에 노출되지 않도록 해야 합니다. 그리고, 자살에 대한 충동이 너무 심하고, 보호자도 없는 경우라면 정신건강의학과 병원으로의 입원 또한 고려해 보아야 합니다. 병원이라는 일상과 분리된 공간에서 자살에 대한 자극을 덜 받을 수 있기에 도움이 될 수 있습니다.

자살 위험 탐색과 같은 중요한 정보의 확인을 구체적으로 어떻게 해야 할까요? 위 사례를 보며 아쉬운 부분은 바로 정보 확인을 하는 시점입니다. 내담자가 자살 생각을 에둘러 표현하기는 했지만, 죽고 싶어 하는 이유와 관련된 일련의 상황들을 계속해서 이야기하고자 하였습니다. 이때, 상담자가 민감하게 포착한 것은 좋으나, 너무 급하게 내담자의 이야기의 흐름을 끊고 정보 확인이 들어갔다는 점에서는 아쉬운 부분이라 할 수 있습니다. 상담자가 당장 알고 싶다 하더라도, 내담자의 이야기의 흐름을 존중하여, 잠시 보류해두고 내담자의 이야기를 끝까지 들은 이후에 아래와 같이 질문을 한다면, 훨씬 더 매끄럽게 진행될 수 있을 것입니다.

> **내담자:** 너무 힘들어서 전화를 했죠... 제가 작년부터 계속 겨우겨우 일을 찾아서 했거든요. 그런데 올해 들어서는 일도 잘 없고... 캐피털에서는 계속 전화 오고... 일할 때는 그런 안 좋은 생각 같은 것도 안 들었단 말이에요. 그런데 지금은 아무리 일을 찾아도 안 나오니까요. 찾아가기도 많이 찾아가고, 전화도 많이 했거든요. 너무 답답합니다. 진짜...
>
> **상담자:** 정말 많이 답답하시겠어요... 선생님 그런데, 제가 걱정이 되어 여쭤봅니다. 방금 말씀하신 안 좋은 생각이라는 것이 자살 생각을 말씀하시는 건가요?

★★★ 생각해 보기!

자살과 같은 민감한 주제를 다룰 때 내가 염려되는 부분은 무엇인가?
그것을 해소하기 위한 방법은 무엇인가?

성숙한 상담자,
이것부터 하세요!

05

① *더듬더듬 나아가기*

가족, 연인, 혹은 친구들과 눈을 감고 걸어보기 놀이를 했던 경험 아마 다들 한 번쯤은 있을 것입니다. 눈을 감고 걸어갈 때의 막막함과 그로 인한 두려움이 어떠한지도 아마 다들 잘 알고 있을 것입니다. 이 놀이를 할 때, 눈 감은 사람은 2가지 방법을 취할 수 있습니다. 첫째, 지시를 받는 방법입니다. 옆 사람으로부터 '계속 직진', '오른쪽으로 두 걸음 가서 직진' 등 이런 식으로 지시를 받는 방법이 있습니다. 이 경우 목적지까지 빨리 도달할 수는 있겠지만 가는 내내 '나 계속 이렇게 가도 돼?'라고 하는 불안함은 사라지지 않을 것입니다.

두 번째로 혼자서 가는 방법입니다. 옆 사람의 지시 없이 혼자서 앞에 뭐가 있는지 없는지 손짓, 발짓을 해나가며 '더듬더듬' 나아가는 것입니다. 이때 지시를 받아서 가는 사람보다 목적지에 도착하는 시간은 확실히 더 느릴 것입니다. 하지만, 한 걸음 한 걸음 스스로가 안전하다는 확신으로 걸어갈 수 있습니다.

성숙한 상담자가 되기 위해 이러한 '더듬더듬'적인 태도가 필요하다고 생각합니다. 그저 누군가의 지시에 따라서 이것이 맞는지 틀렸는지도 모르고, 똥인지 된장인지도 모른 채 '하라고 하니까, 내게 주어졌으니까'라는 생각으로 묵묵히 하는 것이 결코 성숙함으로 이끌지 않습니다. 이것이 맞는지, 왜 필요한지 끊임없이 따져 묻고, 내가 확신을 얻어 가며 한 걸음씩 나아가야 합니다. 그래야만 상담자가 성숙을 향해 나아갈 수 있습니다.

이 책에서 이야기한 여러 내용들도 그저 무비판적으로 받아들이지 않았으면 좋겠습니다. 이게 맞는지 안 맞는지, 내 상황에서는 적용 가능한 것일지 아닐지 따져 보면서, 한 걸음 한 걸음 내디뎠으면 좋겠습니다. 제가 이 책을 통해 이야기한 것 외 또 다른 책들을 접하면서도 그러한 태도로 나아가면 좋겠습니다. 여러 가지 좋은 내용들이 책에 머물러 있지 않고, 상담자의 것으로 충분히 소화되어 구체적인 실천의 형태로 나타날 수 있다면 좋겠습니다.

그렇게 '더듬더듬' 나아가면, 어느 순간 내가 이전보다 더 성숙해져 있음을 깨달을 수 있을 것입니다. 저도 지금 이 순간 '더듬더듬' 나아가고 있습니다.

2 일기 쓰기

상담자로서 성숙해지기 위해 가장 강력하게 추천하고 싶은 단 한 가지를 꼽으라면, 주저 없이 '일기'라고 말하겠습니다. 상담자에게 '일기'란 상담자들의 상담자라고 말할 수 있습니다. 상담자 역시도 인생에서의 여러 가지 문제를 겪고 있고, 그 문제들 속에서 미숙하게 대처하기도 하고, 우왕좌왕하며 살아갑니다. 다시 말해, 상담자도 상담자인 것을 내려놓고 자기 자신을 모두 있는 그대로를 드러내는 경험이 필요한데 그 방법 중 하나가 바로 '일기'입니다.

저는 일기를 2004년부터 지금까지 써오고 있습니다. 햇수로 거의 20년 가까이 써왔습니다. 군대에서 '수양록'이란 것을 의무적으로 쓰기 시작한 것이 계기가 되었는데, 그것이 오늘에까지 이르게 된 것을 생각하면 감사한 일입니다.

처음에는 아날로그 방식으로 매년 일기장을 사서 직접 손글씨로 쓰기 시작했습니다. 일기장을 분실, 훼손된 일들이 있어서, 지금은 컴퓨터로 타이핑을 해서 따로 저장해두고 있는데, 지금도 마음은 손으로 쓰는 것이 훨씬 더 유익이 크다는 생각이 듭니다. 이유는 타이핑을 하는 것보다 펜으로 쓰면서 아무래도 더 시간이 오래 걸리고, 오래 걸리는 시간만큼 나 자신에 대해 곱씹어 보게 되기 때문입니다.

일기 쓰기의 목적도 결국은 상담의 목적과 일치합니다. 자기통찰, 자기 자신에 대해 알아차리는 것이죠. 하루만 되돌아보아도, 흘러가는 시간들 속에서 내가 느꼈던 감정들, 내가 했던 생각과 행동들이 사실은 모두 의미가 있습니다. 그러한 의미들을 발견하고 정리해 나가는 작업을 바로 일기를 통해 할 수 있습니다.

종종 초보 상담자들에게 일기를 쓰는지를 물어보면, 가끔씩 힘든 일이 있거나 답답할 때만 쓴다는 답변을 자주 들었습니다. 이것도 매우 훌륭한 것입니다. 그런데 나의 감정 상태와 관계없이 하나의 습관으로 꾸준히 날마다 이어 나간다면, 상담자의 내면은 보다 더 정돈되어 있고, 평온하며, 견고할 것입니다.

일기에 대해 권유했을 때, 많은 사람들이 글을 잘 써야 한다는 압박감에 시작조차 하지 못하는 경우를 많이 봤습니다. 일기를 쓸 때, 가져야 하는 단 하나의 원칙은 최대한 솔직하게 쓰는 것입니다. 하루 일과 중에서 내가 느꼈던 모든 감정들, 차마 사람들에게는 밝힐 수 없지만, 실제로는 내가 분명히 느낀 감정과 생각들을 써내려가야 합니다. 이것을 통해서 무언가를 하겠다는 의도를 가지지 말고 그저 솔직하게 쓰는 것에만 집중하다 보면, 어느 순간 깨닫게 됩니다. '아 내가 이때 이래서 이랬구나'하고 말이죠. 이것이 바로 '자기통찰'입니다.

일기를 안 썼다면, 깨닫지 못했을 나의 감정과 행동의 의미들을 일기를 씀으로써 알게 됩니다. 잘 보이지 않았을 뿐 분명히 존재하는 마음속 감정의 찌꺼기들을 찾아낸 것입니다. 이러한 자기통찰의 활동을 의식적으로 반복해서 한다면, 어떻게 될까요? 반복되는 의식적 활동 속에서 의식하지 않아도 자기 자신에 대해 보다 쉽게 알게 되는 것입니다. 마치 우리가 처음 운전을 배울 때, 좌회전을 하기 전 방향지시등을 아래로 내려서 켜야 한다는 것을 의식해서 하지만, 운전이 익숙해지면 무의식적으로 방향지시등을 켜는 것과 마찬가지입니다.

상담자로서 다른 내담자들을 충분히 여유 있게 받아들여줄 수 있는 넓은 정원과 같은 마음의 상태를 유지하고자 한다면, '일기'는 최고의, 최적의 훈련이라 할 수 있습니다.

3 상담 후기 쓰기

상담 후기를 쓰는 것은 상담 기록과는 전혀 다른 것입니다. 많은 상담자들이 상담 기록을 반드시 남기지만, 상담 후기를 남기지는 않습니다. 상담 기록과 상담 후기가 무엇이 다를까요? 상담 기록은 상담 이후 내담자를 돕는 과정에서 필요로 하는 **내담자에 대한 정보들을 기록**하는 것인 반면, 상담 후기는 상담자인 내가 상담자로서의 적절한 태도를 잘 유지했는지, 그러지 못했다면, 무엇 때문인지 등의 **상담자에 대한 정보를 기록**하는 것이라 할 수 있습니다.

아마도 성숙을 힘쓰는 상담자라면, 상담을 마치고 자신의 상담자로서의 태도나 했던 질문들에 대해서 반추해 볼 것입니다. 그런데 여기에서 그친다면 너무나 아쉬운 일입니다. 물론 반추해 보는 과정을 가지는 것 자체도 훌륭한 일이지만, 다음 상담에서 똑같은 실수를 반복하지 않고, 보다 더 나아지기 위해서는 다음 단계가 필요합니다. 바로 상담 후기를 기록하는 것입니다. 생각에 머물지 말고, 글로 써봅니다. 글로 쓴 것을 누군가에게 말해 볼 수 있다면, 더 좋습니다.

이처럼 생각에만 머물지 말아야 하는 이유는 우리가 생각에 쉽게 속기 때문입니다. 생각이 생각에서 그치면, 그것은 아무런 변화를 만들어 내지 못합니다. 수많은 사람들이 생각은 하지만, 생각을 그리 잘 실천하지는 않습니다. 변화는 생각이 아니라 실천에서 비롯됩니다.

쇼핑을 예로 들어 보자면, 물건을 사두고 제대로 정리하지 않고 아무 데나 방치해둔 채 살아간다면, 물건이 어디 있는지 찾아다닐 것이 불 보듯 뻔한 일입니다. 그런데 물건을 정확하게 어딘가에 정리를 해둔다면, 필요할 때 바로 찾아 쓸 수 있을 것입니다. 상담 후기를 쓰는 것은 이렇게 내가 얻게 된 깨달음을 아무 데나 방치하지 않고 잘 정리해 둔다는 의미입니다. 내가 필요할 때 꺼내 쓸 수 있어야 의미가 있지, 가지고는 있으나 어디에 있는지 몰라 사용할 수 없다면 무용지물입니다.

매 회기의 상담은 상담자로서의 자신이 성장하고 성숙하기 위한 수많은 원천을 제공해줍니다. 그래서, 상담자로서의 자신을 되돌아보며 얻게 되는 배움을 방치하지 말고, 잘 녹아들게, 축적되게 하기 위해 '상담 후기'를 쓰는 것은 매우 도움이 될 수 있습니다.

④ 책 나눔 하기

상담과 관련된 책을 읽으면서 그 효과를 갑절, 그 이상으로 얻는 것이 바로 책 나눔입니다. 사람들이 책을 읽으면서 와닿는 부분, 중요하다고 생각하는 부분들을 줄을 긋거나, 메모를 하거나, 따로 기록을 하는 등의 활동을 합니다. 여기서 그치지 않고 이러한 내용들을 누군가에게 나누고 상대방으로부터 공감을 얻으면, 자신의 깨달음에 대한 확신을 가질 수 있게 됩니다. 그리고 나와 다른 누군가로부터는 내가 미처 생각하지 못한 부분들을 바라보게 되고, 깨닫게 되면서, 깨달음의 깊이와 넓이가 확장되어 갑니다. 이것이 바로 책 나눔을 통해 가질 수 있는 유익입니다. 뜻이 맞고, 마음이 맞는 사람들이 삼삼오오 모여 함께 책을 읽고 나누기를 강력하게 추천합니다. 저 또한 오랜 기간 마음이 맞는 유관기관의 상담자들과 또 직원들과 여러 책을 읽고 함께 나누는 모임을 해왔고, 한 번은 학습모임을 지원해주는 단체인 중부재단에 선정되어 지원금도 받아가면서 책 나눔을 하기도 했습니다. 책 나눔을 통해 상담의 실천적 지식에 대한 확신을 얻어갈 수 있습니다.

상담자는 기적의 씨앗을 뿌립니다

다른 사람의 이야기를 듣는다는 것, 그것이 가지는 매력에 깊이 빠져들게 되었던 것은 지금으로부터 약 20년 전인 갓 대학을 입학한 20살 새내기 때였습니다. 학창 시절 부모님의 이혼, 경제적 어려움 등으로 당당하지 못하고, 늘 위축되어 살아오던 제가 변화할 수 있었던 계기는 한 대학 선배가 저에게 귀를 기울여준 덕분이었습니다.

불우한 가정환경을 감추기에 급급했던 저에게 따뜻한 관심으로 다가와 저의 고통을 세심하게 들어준 그 선배 덕에 저는 제가 잘못된 것이 아님을 깨달을 수 있었습니다. 제가 무언가 잘못한 것도 아님에도 불구하고 마치 죄인처럼, 움츠러들어 지냈다는 사실을 그제서야 비로소 인식할 수 있게 되었습니다.

지금도 그때가 떠오릅니다. 누군가에게 한 번도 꺼내보지 않았던 저의 속사정을 이야기하며, 한참을 울었던 때가요. 아무 말 없이 그저 따뜻한 눈빛으로 그 자리에 함께 머물러주었던 선배의 모습이 생각납니다. 조금의 부족함도 과함도 없었던 선배의 그 사려 깊은 태도는 그야말로 저에게 충분했습니다. 선배가 무슨 말을 했는지가 기억나는 것이 아니라 선배의 따뜻했던 태도가 아주 오래 깊이 제 마음속에 남아 있습니다. 그리고 그 경험은 저에게 인생의 전환점을 만들어 주었습니다.

제가 그러했듯, 상담자들은 누군가의 인생의 전환점이 될지도 모를 시간을 매번 접하고 있는 사람들입니다. 인생의 전환점을 기적이라 부를 수 있다면, 상담자는 기적의 씨앗을 뿌리는 사람이라고 할 수 있을 것입니다. 기적의 씨앗은 상담자의 기술적인 말이 아니라 태도에서 나옵니다. 그리고 그것이 양분이 되어 사람은 변화할 수 있게 됩니다.

이 책을 마무리하는 지금, 독자들 모두가 상담을 하고 있든 그렇지 않든 날마다 자신을 돌아보며, 어제보다 오늘, 오늘보다 내일, 더 성숙해 가는 사람이 되었으면 좋겠습니다.

저자소개

노승현

'어제보다 더 성숙한 오늘'

사람은 성숙해지기 위해 태어났다 생각하고 날마다 성숙해 가기에 힘쓰지만, 여전히 더디고도 더딘 남편이자 두 아들의 아빠입니다.

사회복지학과에서 학사, 석사 졸업. 박사과정까지 들어갔지만, 일에 치이고, 아이들에게 치여, 아직 논문이 완료되지 않아 나오지는 못하고 있습니다. 청소년쉼터, 국립부곡병원, 정신건강복지센터를 거쳐 10년 이상 내담자들을 만나 왔고, 현재는 울산중구정신건강복지센터에서 상임 팀장으로 근무하고 있습니다.

상담을 어려워하는 많은 사람들이 전문적인 이론이 담긴 수많은 상담서적을 만나기 전, 부담 없이 쉽게 읽었으면 하는 생각에 그동안 써왔던 글, 강의할 때 했던 말, 초보 상담자들을 지도하면서 했던 비유들 모두 모으고 모아 글을 썼습니다.

[약력]
울산대학교 행정학 · 사회복지학 학사
대구대학교 일반대학원 사회복지학 석사
대구대학교 일반대학원 사회복지학 박사수료
현)울산중구정신건강복지센터 상임팀장

이런 제가 상담자여도 괜찮을까요?

초판발행	2022년 7월 30일

지은이	노승현
펴낸이	노 현

편 집	이아름
기획/마케팅	정성혁
표지디자인	BEN STORY
제 작	고철민·조영환

펴낸곳	(주) 피와이메이트
	서울특별시 금천구 가산디지털2로 53 한라시그마밸리 210호(가산동)
	등록 2014. 2. 12. 제2018-000080호
전 화	02)733-6771
f a x	02)736-4818
e-mail	pys@pybook.co.kr
homepage	www.pybook.co.kr
ISBN	979-11-6519-309-6 93180

정 가 13,000원

박영스토리는 박영사와 함께하는 브랜드입니다.